U0462325

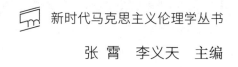新时代马克思主义伦理学丛书

张 霄 李义天 主编

国家出版基金项目
NATIONAL PUBLICATION FOUNDATION
"十四五"国家重点出版物出版规划项目

马克思共同体思想研究

▎晏扩明 著

重庆出版集团 重庆出版社

图书在版编目(CIP)数据

马克思共同体思想研究 / 晏扩明著. —重庆:重庆
出版社,2023.5
ISBN 978-7-229-16264-1

Ⅰ.①马⋯ Ⅱ.①晏⋯ Ⅲ.①马克思主义—国际关
系—理论研究 Ⅳ.①A811.64

中国版本图书馆CIP数据核字(2021)第246865号

马克思共同体思想研究

MAKESI GONGTONGTI SIXIANG YANJIU

晏扩明 著

责任编辑:彭 景
责任校对:郑 葱
装帧设计:胡耀尹

 重庆出版集团
重庆出版社 出版

重庆市南岸区南滨路162号1幢 邮政编码:400061 http://www.cqph.com
重庆出版社艺术设计有限公司制版
重庆天旭印务有限责任公司印刷
重庆出版集团图书发行有限公司发行
E-MAIL:fxchu@cqph.com 邮购电话:023-61520646
全国新华书店经销

开本:710mm×1000mm 1/16 印张:12.25 字数:158千
2023年5月第1版 2023年5月第1次印刷
ISBN 978-7-229-16264-1
定价:49.00元

如有印装质量问题,请向本集团图书发行有限公司调换:023-61520678

总　序

　　马克思主义伦理学是马克思主义理论与伦理学研究的结合。对当代中国伦理学而言，这种结合既需要面对马克思主义理论发展的世界性问题，更需要融合中国特色社会主义思想文化的新时代特征。

　　马克思主义伦理学之所以成为马克思主义理论进程中的一个世界性问题，是因为伦理问题往往出现在世界马克思主义发展史上的重要时刻。这些时刻不仅包括重大的理论争辩，而且包括重大的实践境况。如果说 20 世纪的马克思主义理论进程是一部马克思主义和各种思潮相结合的历史，那么，20 世纪的马克思主义伦理学则从马克思主义与伦理思想相结合的层面，为这部历史增添了不可或缺的内容。无论是现实素材引发的实际问题，还是理论思考得出的智识成果，马克思主义不断发展的历史，总在为马克思主义伦理学添加新的东西——新的问题、新的方法、新的观点和新的挑战。由此，马克思主义伦理学始终处于马克思主义理论的核心地带，马克思主义内在地蕴含着对于伦理问题的思考与对于伦理生活的批判。相应地，一个失却了伦理维度的马克思主义不仅在理论上是不完整的，而且无法实现马克思主义所揭示的全部实践筹划。因此，把严肃的伦理学研究从马克思主义的体系中加以祛除的做法，实际上是在瓦解马克思主义理论自身的完整意义与实践诉求。

马克思主义伦理学不是也无须是一门抽象的学问。它是一种把现实与基于这种现实而生长出来的规范性联系起来的实践筹划，是一种通过"实践—精神"而把握世界的实践理论。因此，在马克思主义这里，伦理学的本质不在于它的知识处境，而在于它的社会功能；关键的伦理学问题不再是"伦理规范可以是什么"，而是"伦理规范能够做什么"。从这个意义上讲，不经转化就直接用认识论意义上的伦理学来替代实践论意义上的伦理学，这是一种在伦理学领域尚未完成马克思主义世界观革命的不成熟表现，也是一种对伦理学的现实本质缺乏理解的表现。

马克思主义伦理学之所以成为当代中国道德建设的一个新时代问题，是因为马克思主义始终是中国特色社会主义思想文化的基本方向。无论如何阐释"中国特色"，它在思想文化领域都不可能脱离如下背景：其一，当代中国是一个以马克思主义为指导思想的社会主义国家，马克思主义构成当前中国社会的思想框架。这种框架为我们带来一种不同于西方的现代性方案；在这种现代性中，启蒙以降的西方文化传统经由马克思主义的深刻批判而进入中国。其二，中国优秀传统文化的精髓是伦理文化，中国文化的精神要义就在于其伦理性。对中国学人而言，伦理学不仅关乎做人的道理，也在提供治理国家的原则。从这个意义上讲，马克思主义之所以能在中国扎根，就在于它与中国文化传统的伦理性质有契合之处。

如果结合上述两个背景便不难发现，马克思主义伦理学的重要意义已然不限于两种知识门类的结合，更是两种文化传统的联结。经历百年的吸纳、转化和变迁，马克思主义伦理学虽然在一定程度上已经成型，但是，随着中国特色社会主义进入新时代，马克思主义伦理学又面临许多新的困惑和新的机遇，需要为这个时代的中国伦理思想与道德建设提供新的思考和新的解答。唯有如此，新时代的马克思主义伦理学才能构成中国马克思主义理论的重要组成部分，才能成为 21 世纪中国道德话语和道德实践的航标指南。

为此，我们编撰的《新时代马克思主义伦理学丛书》，旨在通过"世界性"和"新时代"两大主题框架，聚焦当代的马克思主义伦理学。我们希望，通过这套丛书搭建开放的平台，在一个更加广阔的视野中建构马克思主义伦理学的理论体系，在一个更加深入的维度上探讨当代中国的伦理思想与道德建设。

感谢中国人民大学伦理学与道德建设研究中心的指导与支持，感谢重庆出版社的协助与付出。这是一项前途光明的事业，我们真诚地期待能有更多朋友加入，使之枝繁叶茂、硕果满仓。

是为序。

编 者

2020 年春 北京

目 录
CONTENTS

第一章
导 论

一、问题的缘起与研究意义

（一）问题的缘起

近年来，随着马克思主义政治哲学研究的开展，共同体思想逐渐成为马克思主义政治哲学所涉诸问题当中的一个极为复杂而重要的论题。作为伟大的无产阶级思想家、国际共产主义的先驱，马克思既是一个伟大的精神领袖，也是一个现实实践中的开拓者。其毕生的追求就是实现人类的解放和实现人的真正自由。共同体则是马克思用以理解人的存在的基本方式。在马克思的文献和著作当中，可以清楚地看到其对于共同体问题的深刻关切和思考。

人类社会的发展史，就是人类以共同体的方式进行生产活动的成长史。从古希腊城邦的公共生活到现代的民族国家，政治哲学家们对于共同体理论的发展和建构从未止息。共同体概念的内涵十分丰富，就其具体的政治形态而言可以指称部落联盟、城邦、国家等，按其探究领域而言则包括伦理共同体、宗教共同体、政治共同体、社会共同体等。在德语中有两个概念可以表达并且翻译为共同体，一个是 Gemeinde，另一个是 Gemeinschaft。前者是指对土地以及对该土地拥有平等权利的公民整体，它与英语当中的 Community

同义；后者则是指某一特定地区人际关系的性质，这种更加宽泛意义上的共同体概念超越了地域性的局限，使得人际关系的适当性质成为界定共同体的主要标准。因此，无论是"共同的生活地域""共同的伦理系统"还是"共同的利益基础"，在当下我们论及共同体的生活方式时都不仅仅是局限在一种 Gemeinde 意义上的地域性的狭义概念，而是在讨论地域性、血缘性等狭义的共同体概念的同时，将之扩展至 Gemeinschaft 的关系领域，使之成为一种在广义上更具有一般性的概念。在此基础上，共同体被放置在"复杂、密切以及相对自主的社会关系网里。"[①]在这种宽泛的意义上，共同体既不是某个地域，也不是某个小规模的人口聚集所在，而是一种关系模式。除了上述对共同体的一般性表述之外，共同体还具有特定的伦理价值意义和道德情感意义。在滕尼斯看来，共同体"特指那种凭传统的自然感情而紧密联系的交往有机体……只有'共同体'才是真正的和持久的共同生活"[②]。从情感主义德性伦理学的角度来看，共同体的生活方式是一种人类自身内在的情感欲求（desire），并且隶属于一种既非利己主义也非利他主义的中性动机（neutral motivation）。[③]可见，在共同体问题的诸多讨论中，已经关涉到甚至部分蕴含了个人与共同体之间的关系问题的探究以及对于共同体自

---

①Craig Calhoun, "Community Without Propinquity Revisited: Communications Technology and the Transformation of the Urban Public Sphere," *Sociological Inquiry*, Vol.68, No.3, p.381.

②〔德〕滕尼斯：《共同体与社会》，林荣远译，商务印书馆1999年版，第54页。

③笔者曾与著名当代情感主义德性伦理学家迈克尔·斯洛特（Michael Slote）当面交流过有关共同体的价值问题，斯洛特着重强调了共同体生活方式是一种人自身将外在于自身的他人和群体视为内在重要性的表现，这种对于共同体生活方式的渴望深深内在于人的本性之中，这种共同的生存和发展的欲求被斯洛特称之为中性欲求。有关中性欲求可以参见 Michael Slote, *Human Development and Human Life*, SpringerBriefs in Philosophy, 2016.

身价值的规范性探究，这些内容都有着十分重要的理论意义和现实意义。

尽管共同体的概念形式、内容表达存在着历史性的理解和变化，但这些形式和内容都共同指向了人类作为群体所必须依赖的生存方式。在政治哲学史当中，有关共同体问题的核心内容总是围绕着对于"何为理想的共同体"的追问而展开。这一点在马克思这里也不例外。在马克思的政治哲学中，其共同体思想既囊括了对于广义和狭义两种共同体概念的多层次表述，又包含了认知性与规范性两种理解维度，其唯物史观所蕴含的有关共同体的话语体系，即便是放在当代政治哲学的视角中来看，也仍然具有丰富的理论内涵和现实的批判意义。

然而，目前国内外学界对马克思共同体思想的政治哲学视角的研究仍然是一块短板，特别是对马克思共同体的概念澄清，以及对马克思共同体思想在其政治哲学中的重要意义的阐释都缺乏系统的探究。一些有关马克思共同体思想的基本问题尚待解决，如共同体在马克思的政治哲学当中是否有清晰明确的概念界定？马克思共同体思想有哪些基础问题与核心关切？应当从何种视域出发来解读马克思的共同体思想？马克思共同体思想有无规范性的价值维度？马克思的共同体思想在其政治哲学当中究竟占有什么样的地位，又是在何种层面上回应了当代政治哲学当中有关共同体的一系列政治哲学问题？等等。因此围绕上述问题对马克思共同体思想进行研究将有助于弥补学界在这方面的缺失。

（二）研究意义

对马克思的共同体思想展开具体而深入的探究具有极为重要的理论意义和现实意义。首先，对于马克思政治哲学的建构来说，其意义在于：一是将马克思共同体思想的现实批判性纳入马克思的政治哲学，为马克思政治哲学的批判性维度增添新的理论内容；二是将马克思共同体思想的规范性价值纳入马克思政治哲学的规范性考察，为马克思政治哲学的规范性维度提供重要的理论内容，从而丰富了马克思的政治哲学，助推马克思政治哲学在当代政治哲学语境下的研究和建构。

其次，就学界有关共同体问题的研究而言，其意义在于：一是马克思对共同体概念的表达十分全面，包含了广义和狭义两种表达方式，因此只要能够找到对马克思的共同体概念的理解方法，就能够由此出发打开一条理解共同体概念的新渠道，进而与政治哲学史当中复杂多样化的共同体概念以及相关表述和相关问题进行比较，并对它们加以辩证地把握；二是从马克思共同体概念的认知性和规范性的双重维度看，包括从古希腊哲学到德国古典哲学的众多思想家们，他们都在不同程度上混淆使用了共同体概念，而正是由于他们在共同体概念的这两个维度上的混淆使用，使得他们在探究共同体思想的过程中陷入了理论困境。理解马克思共同体概念的认知性和规范性的双重维度，才能够对马克思本人的共同体思想做出清晰阐释，并且有助于进一步阐明政治哲学史当中围绕着共同体问题的相关争议；三是马克思的共同体思想对个人与共同体的关系问题的回答，特别是其通过统一性做出的现实层面的解答，有助于我们从现实出发，而不是从抽象的理念出发来把握个人与共同体的关系问题。

最后，揭示马克思的共同体思想的价值意蕴，对人类社会的政治实践而言，具有特定的启发意义：一是为全球化趋势提供了共同体思想方面的理论资源，对现阶段人类社会所处的历史阶段及其中出现的相应的共同体形式作出历史理论的论证，通过归纳人类社会发展的历史规律，指出现阶段人类社会所存在的现代性问题，进而对未来世界历史的发展方向作出推测；二是为我国的社会主义国家建设提供理论资源，为"人类命运共同体"的发展战略提供理论支撑。

总之，对马克思的共同体思想进行系统的讨论与研究，具有理论与实践的双重意义。马克思的共同体思想对于当今人类社会所面临的现代性问题和全球化问题而言，是一个巨大的理论宝库，是把握人类社会发展和人类社会进步的重要理论资源。

二、国内外研究现状综述

（一）国内研究现状

国内学术界对马克思的共同体思想早就有所关注。改革开放以后，中国特色社会主义的建设日新月异，中国社会进入了一个空前的社会转型时期。在这个关键的社会转型时期，我国的马克思主义理论界开启了关于马克思市民社会思想的理论工作，并同时开始关注和积极阐发马克思共同体思想的价值和意义。近年来，我国学术界已经开始把马克思的共同体思想作为一个探究马克思政治哲学的重要组成部分，并且逐渐使之成为一个理解马克思政治哲学的独特理论视域。

国内对马克思共同体思想的关注，始于对其社会政治哲学及市民社会理论的探究工作。陈晏清、王新生在《马克思的市民社会理论及其意义》一文中指出："马克思对于市民社会的考察，在他整个思想体系的形成过程中，具有极其重要的地位和意义。"[1]随后又

---

[1]陈晏清、王新生：《马克思的市民社会理论及其意义》，载《天津社会科学》，2001年第4期，第7页。

在《市民社会观念的当代演变及其意义》中指出："市民社会理论具有较为宽广的题域，市民社会的观念具有较为丰富的内涵。"[①]对于市民社会而言，它既不是文化上的独立的批判活动领域，也不是简单的经济上的交换关系领域，它在不同的理论任务当中有着不同的理论重点。但是，这并不意味着我们只能仅仅从局部来把握市民社会的概念。当我们要对市民社会概念进行一个完整的概念表达时，就必须要把市民社会放入到整个市民社会概念的演变过程中去考察。如此，市民社会才能够囊括整个市民社会理论的探究范围，才能够从整体上对市民社会所具有的一切内容和延伸脉络加以把握。这样，从一个完整的市民社会的概念表达出发，就必须要把市民社会理论放置到马克思的历史唯物主义理论当中去考察。正如李佃来在《马克思市民社会理论探讨》中所指出的那样："从马克思自身思想的转折来看，他已经开始到黑格尔所蔑视的'市民社会'中，到现实人的物质生活世界中去寻找理解人类历史发展进程的锁钥。"[②]由对市民社会思想的探究伊始，有关马克思共同体问题的相关思考就已然逐渐浮出水面。事实上，市民社会正是马克思共同体思想所要讨论的重点内容之一，其被马克思视为是一种"虚幻的共同体"。因此，我国马克思共同体思想的理论探究就肇始于市民社会理论，也生发于市民社会理论。

近十年来，关于马克思共同体思想的学理探索逐年增多，自2007年秦龙的《马克思"共同体"思想研究》以来，包括王萍霞的《马克思共同体思想研究》、马俊峰的《马克思社会共同体理论研究》、王小章的《从"自由或共同体"到"自由的共同体"——马

---

①陈晏清、王新生：《市民社会观念的当代演变及其意义》，载《南开学报》，2001年第6期，第29页。

②李佃来：《马克思市民社会理论探讨》，载《马克思主义哲学研究》，2004年第00期，第28页。

克思的现代性批判与重构》、邵发军的《马克思共同体思想研究》、刘海红的《马克思实践共同体思想研究》、胡寅寅的《走向"真正的共同体"——马克思共同体思想的致思逻辑研究》、薛俊强的《走向自由之路——马克思"自由人的联合体"思想的当代阐释》以及陈凯的《从共同体到联合体——马克思共同体思想研究》等，已有十余部（篇）专著和博士论文相继出版（发表）。除此之外，还有相关的硕士论文近 30 篇、期刊论文百余篇。仅 2018 年的博士论文就有四篇：分别是张华波的《马克思共同体思想的历史性生成研究》、冯珊的《马克思个人与共同体关系的思想研究》、刘睿的《批判与建构：马克思共同体思想研究》以及赵坤的《马克思个人与共同体关系思想研究》。

总体上看，国内的学者在研究马克思的共同体思想时，大多从马克思共同体思想的理论问题与生成过程出发进行理论阐释。首先，最为突出的就是对马克思的"真正的共同体"概念进行理论阐释，围绕着"真正的共同体"这一概念，对马克思共同体的理论目标与致思逻辑进行探讨，而"真正的共同体"的相关问题也是所有研究马克思共同体思想的学者们绕不开的理论问题。其次，王小章等人还系统地论证了马克思的共同体所涉及的规范性和科学性问题，他们的研究往往将个人与共同体、共同体的现实与自由的实现等进行价值关联。王小章指出："马克思将道德的、价值的批判和科学的、历史的批判相结合，将规范性和科学性相统一，着眼于自由与共同体问题，既从人类自由历史演进的角度肯定了现代资本主义社会及其担当着的成就和历史合理性、正当性，同时，更依据这个社会对人类自由之现实可能性的限制、束缚而从社会经济、政治、文化诸方面深刻揭示了它的不义、不合理。"①另外，邵发军等人则从政治共同体的哲学史视角出发对马克思的共同体思想进行了梳理，并且将马克思的共同体思想视为一个具有系统性的理论整体。邵发军指出："马克思的共同体思想本身是一个理论的整体，既有其本身的理论内核，又有其表具的各种形态；既存有其思想渊源的向前的可以而又必然的追溯的理论空间，亦持有其理论影响后来学者的应有而又定有的范导性的生产能力。"②与上述视角不同，张华波等人则从马克思共同体思想的发生学角度出发，细致地对其前后生成过程和历史背景进行了论述，其理论既涉及了西方政治哲学史中共同体思想的理论前提，又论述了马克思共同体思想的发展进程以及其后的理论指向等问题。

此外，国内还涌现了大量关于马克思共同体思想的理论意义和现实指导意义的解读。比如说，谢春芳谈道："马克思对共同体的研究并没有停留在一般的、抽象的层次上。"③在他看来，要想对马克思的共同体问题做出全方位的分析就必须要考察其思想的延伸以及演变过程。康渝生指出："马克思的共同体思想是以人类社会生活共同体的发展历程为依据建构的理论体系。"④在康渝生看来，在马克思的共同体思想当中人类的社会生活就表现为共同体的生活，共同体是人类进行生产实践的场域，其终极的价值追求并非是资本主义意义上的作为统治阶级攫取其特殊利益的统治工具。臧峰宇认

---

①王小章：《从"自由或共同体"到"自由的共同体"——马克思的现代性批判与重构》，中国人民大学出版社 2014 年版，第 79 页。

②邵发军：《马克思的共同体思想研究》，知识产权出版社 2014 年版，第 6 页。

③谢春芳：《马克思的共同体思想及其当代价值》，载《淄博师专学报》，2018年第 1 期，第 65 页。

④康渝生：《继承与创新马克思共同体思想——人类命运共同体思想解读》，载《中国社会科学报》，2018 年 2 月 22 日，第 6 版。

为，马克思在对古典与现代两种共同体类型的探究中，彰显了共同体的历史演进逻辑以及其在历史下的真实形式，"马克思提出超越'虚幻的共同体'并实现'自由人的联合体'的合理方案。深入理解马克思共同体思想的核心要义、中国语境与当代价值，把握当今时代人们的共同利益、共享发展的必要性和可能性，以及从中形成的共同价值观，在价值多样性的互动中凝练当今人类价值观念的最大公约数，有益于更好地满足人民日益增长的美好生活需要。"①田海舰说："马克思共同体思想体现了合规律性与合目的性、社会发展与人的发展、科学理性与价值理性的辩证统一。"②这就意味着，马克思的共同体思想具有十分关键的学理价值和现实的指导意义，并且可以为当代中国社会的政治实践和意识形态建设提供重要的学理支撑。黄炬、刘同舫指出："马克思通过批判传统共同体思想的抽象性局限，以实践的方式指明社会关系是维系共同生活的根本纽带，走向自由人的联合是共同体的发展方向。"③如此一来就能够创造性地展开有关共同体核心问题的新思考，对共同体的形成条件、共同体内部的个人之间的关系、共同体的前进方向等问题都打开了一个新的理论视域。张红莉的看法是："马克思共同体思想以利益为基点，揭示了共同体就是以利益为基础的利益共同体的发展。当今世界各国致力于共同治理与合作，形成了以共同体为组织形式的全球治理，而作为运行基础的共同体不合理性制约着全球治理的进行。马克思共同体思想的研究有助于我们认清共同体运行的本质，

---

①臧峰宇：《马克思共同体思想的核心要义与中国语境》，载《中国高校社会科学》，2018 年第 1 期，第 19 页。

②田海舰：《马克思共同体思想探析》，载《伦理学研究》，2018 年第 1 期，第 20 页。

③黄炬、刘同舫：《马克思共同体思想的现实超越性》，载《河海大学学报（哲学社会科学版）》，2017 年第 5 期，第 27 页。

把握全球治理形势下共同体组织的发展现状，进行全球治理的思考。"①

从国内的研究现状来看，对于马克思共同体思想的研究已经成为解读马克思政治哲学思想的一个新的思考方向和新的问题领域。随着中国特色社会主义的建设实践步步展开、不断探索，国内已然掀起了一轮关于马克思共同体思想研究的理论热潮。

（二）国外研究现状

与国内学术界近些年来百花齐放、纷繁复杂的马克思共同体思想的理论研究现状不同，当前国外学术界的相关研究成果常常散见于他们对马克思哲学的其他研究领域当中，鲜有专门针对马克思共同体思想的正面探究成果，只有很少一部分学者对相关思想内容进行了专门论述。

实际上，国外关于马克思共同体思想的研究肇始于对马克思阶级理论的分析，同时也涵盖了对市民社会理论的相关研究。虽然其起步要早于国内，但是由于第二次世界大战以及冷战时期的意识形态对立，马克思的哲学思想逐渐淡出了西方的理论视野，甚至成为西方主流学界盖棺定论的对象。直到东欧解体以后，英美分析的马克思主义兴起，才引起了西方学界对马克思的重新关注。伴随着政治哲学的当代复兴，马克思的共同体思想才被西方学界重新拾起。

早在《历史与阶级意识》一书中，卢卡奇就从阶级理论入手论及了马克思的共同体思想，这体现在两个方面：一方面是观念论的理论传统（这在德国古典哲学当中表现得尤为突出），另一方面则是社会学的理论视角（与齐美尔等人的社会合作意识，以及韦伯等

---

①张红莉：《马克思共同体思想视域下的全球治理研究》，载《湖北函授大学学报》，2018 年第 4 期，第 104 页。

人的文化支撑理论相近）。同时，卢卡奇还对马克思的社会整体理论做出相应的理解，并且对阶级整体性等问题做出了思考和回答。由此，阶级整体性的问题构成了其共同体思想的关键性问题。与马克思将阶级作为劳动异化的产物不同，卢卡奇认为，"阶级的组织形式表现为人们在从事社会生产生活的历史过程中组建起的基于劳动分工的社会联结。"①在卢卡奇看来，作为一种普遍的社会交往模式，阶级的组织形式奠基于人们在特定历史时期之下的生产实践，其外在表现为特定历史时期之下的共同体。他从组织和意识出发，指出阶级是推动当下社会发展的根本动力，亦即是推动整个人类共同体发展的根本动力。与卢卡奇同时期的葛兰西则在《狱中札记》中阐述了市民社会思想。葛兰西以政治社会（political society）与市民社会（civil society）这两层概念来阐述相关的观点。对于这两种"社会"形式，葛兰西将其解释为"两个上层建筑的层面"，他将市民社会（civil society）视为民间的那些社会组织，把政治社会（political society）视为国家。与市民社会相对的是统治集团用以行使"领导权"的社会职能；与政治社会（或国家）相对的是统治集团的"直接统治"和"管理"的政府职能，而"这些职能都是有组织且相互关联的"②。因此值得注意的是，葛兰西与马克思在市民社会的概念理解上是存在差异的。虽然卢卡奇和葛兰西两人均对共同体理论有所涉及，但是他们二人却都没有解读出马克思共同体思想的"本来面貌"。进一步地，在以他二人为代表的西方马克思主义思潮下的马克思主义哲学研究，产生了两条重要的研究路径：一是对马克思思想的文化和意识形态批判的肇始；二是社会学意义上的

---

① 卢卡奇：《历史与阶级意识》，商务印书馆 1999 年版，第 102 页。

② Antonio Gramsci, *Selections from the Prison Notebooks*, Quentin Hoare and Geoffrey Nowell-Smith ed and tran., New York: InternationalPublishers, 1971, 12.

社会存在性解释。其中第一条路径的代表人物分别是霍克海默和阿多诺。作为法兰克福学派的早期代表人物，霍克海默认为其"批判理论"是对马克思哲学思想的重大发展，他指出要对以往的"绝对知识"进行摒弃，主张人们应当正视历史本身，正视历史的"具体可见的那种可能性"。而阿多诺也从个人与共同体的关系出发，提出了人的三重人格——本我（id）、自我（ego）和超我（superego）。T. 帕森斯是第二条路径的代表人物。作为社会学家，T. 帕森斯认为，在传统社会与现代社会之间，在资本主义自身的发展进程里（从自由发展到垄断控制），市民社会自身的性质、职能，包括其与国家共同体之间的内在联系全部发生了重大变化。T. 帕森斯在其著作中，对"社会"的概念进行了重新界定，视之为一种行动系统，这种定义广泛存在于他的《社会体系》《走向一种总体行为理论》以及《经济与社会》等著作中。除了帕森斯以外，得益于马克思的"社会劳动"思想的启发，哈贝马斯发展出自己的"社会交往"理论。在哈贝马斯那里，政治共同体与现代民族国家是等同的，他声称"政治共同体的社会范围必须与国家控制的疆域一致起来"①。

与上述西方马克思主义围绕着市民社会理论展开对个人与共同体之间交互关系的辩证研究方法不同，随着对马克思政治哲学研究的推进，当代英美分析的马克思主义学派以分析哲学的方法、从规范性角度出发，对共同体做出了规范性层面的价值分析。典型的是，R.G. 佩弗在其《马克思主义、道德与社会正义》一书中提出，要确立以一套规范性的道德政治原则或标准来判断社会制度的安排是否恰当的"道德社会论"。埃尔斯特认为，人的需要在资本主义社会当中是欠缺的，这是马克思在诉说人的需要的时候所指认出来

---

①哈贝马斯：《后民族结构》，曹卫东译，上海人民出版社 2002 年版，第76 页。

的。埃尔斯特将人的需要进一步区分为自然的需要和社会的需要，在埃尔斯特看来，对于人的自我实现而言，人的社会需要应该首先得到满足。因此，一种共产主义社会的实现就成为了一种应然的实现：人若想消除异化，就应当去寻找一种没有异化条件的共同体模式，从而消除社会异化对人的社会需要的威胁。在胡萨米看来，在社会主义社会当中，正义原则和平等原则是联系在一起的；在共产主义社会当中，正义原则是联结于自我实现的。无论是作为共产主义"初级阶段"的社会主义，还是共产主义本身，二者的"正义"原则都能有效地消灭剥削，它们的产生和制定是通过对私有财产权进行废除的同时肯定集体调控对于社会存在条件的重要性作用来实现的。①依胡萨米来看，资本主义最终被共产主义所取代，是新的生产方式下的共同体形式以及其内部的"正义"原则对旧有的共同体形式及其内部的"正义"原则的超越。共产主义之"正义"的实现奠基于共产主义的物质基础，而非是共产主义的实现奠基于正义原则。对于共产主义而言，其本质就是一个超越正义的共同体。这在一定程度上将"什么是社会正义的问题"引向了"什么样的社会或共同体能够实现正义"的问题。G.A.科恩在《自由、正义与资本主义》一文中认同胡萨米的立场，但是与胡萨米不同，他一定程度上将作为社会权利的人权还原为自然权利，进一步地，可以将这种行使该权利的社会场域还原理解为基于一种超越社会维度的自然共同体。

除此之外，美国学者肯尼斯·美吉尔以《马克思哲学中的共同体》为题对马克思的共同体理论展开探析。他是少见的从正面阐发马克思共同体思想的西方学者。在他看来，马克思的共同体概念催

---

①详细参见胡萨米：《马克思论分配正义》，载李惠斌等编《马克思与正义理论》，中国人民大学出版社 2010 年版，第 59 页。

生了一种新型的民主理论，并且坚信这种"新型"的民主理论是对现代政治哲学的"真正的超越"，是马克思政治哲学的重大的理论发现和重要的理论构成要素。美吉尔除了在文中指出，马克思的共同体理论涵盖对原始联合形式的共同体和社会的共同体（分别对应自然的共同体和市民社会）等划分之外，还进一步指出马克思的真正的共同体是一种实现了"自由的民主联合形式"的共同体，他指出："马克思给予这个民主联合形式以哲学的洞察力，并揭示出民主是共同体的本质。"①除了美吉尔之外，还有一些学者对马克思的共同体思想进行了不同层面的探究：如齐美尔在《货币哲学》中对马克思货币—资本共同体的理解，哈特的《大同世界》对资本帝国的理解等等。此外，日本学者内田弘的《新版政治经济学批判大纲》、岩佐茂的《德意志意识形态的世界》、英国学者麦克莱伦的《马克思传》、俄罗斯学者巴加图利亚的《巴加图利亚版德意志意识形态费尔巴哈》、意大利学者默斯托的《马克思的〈大纲〉》、法国学者比岱的《总体理论》、德国伯尔特·奥尔曼的《辩证法的舞蹈》等都或多或少地涉及了马克思的共同体思想的部分内容。

（三）研究现状总结

以往关于马克思共同体思想的研究，大体上是从以下两个方面入手的：

第一，从政治哲学史的视角出发，将马克思的共同体思想与历史唯物主义相结合，对其做出从"虚幻的共同体"到"真正的共同体"的梳理，将其与政治哲学史上的其他共同体思想做出比较研究——如亚里士多德的"城邦共同体"、契约论者霍布斯、洛克等人

---

① 杨金海主编：《马克思主义研究资料》（第25卷），中央编译出版社2014年版，第438页。

的国家观，以及康德的"自由国家的联盟"、黑格尔的伦理共同体等——并最终将马克思关于"真正的共同体"的描述归结为人类共同体的终极形式。

第二，从共同体概念的规范性出发，对马克思共同体思想的规范性维度做出阐释，并且将之与经典社会学家（如滕尼斯、涂尔干等人）对于共同体的价值性论述进行比较。这些学者从规范性层面出发，对自由、共同体和自我实现做出道德分析，认为道德观是基于一定的社会结构的。这一解读方式主要集中在当代英美分析的马克思主义中，代表性的人物和著作包括：G.A.科恩的《自由、正义与资本主义》，胡萨米的《马克思论分配正义》，R.G.佩弗的《马克思主义、道德与社会正义》，杰拉斯的《把马克思带入正义：答疑与补续》等，他们都着重从价值层面对马克思的共同体思想做出论述。更进一步的，分析的马克思主义者的这种规范性讨论，引申出了现代性视域下个人自由与共同体之间的统一性问题，而对此问题做出解读的代表人物以及相关著作还包括了：霍克海默和阿多诺的《启蒙辩证法》，哈贝马斯的《公共领域的结构转型》，阿尔都塞的《今日马克思主义》，古尔德的《马克思的社会本体论》，王小章的《从"自由或共同体"到"自由的共同体"——马克思的现代性批判与重构》等。他们对现实的个人与其所处共同体做出了双向探讨，从而指出马克思的共同体思想是对自由和共同体的价值统一性理解。

在广泛阅读各种关于马克思共同体思想的研究材料之后发现，既往的相关研究虽然呈现出一定的系统性，并且能够在一定程度上使得马克思的共同体思想参与到马克思政治哲学的体系建构当中去。但是，既往的学者们在对马克思共同体思想进行研究的过程中，对马克思所使用的共同体概念以及其相关概念的认识并不是十分充分，这就导致一些学者在引述和使用相关概念时，其概念的内涵所指涉的内容并不是十分精准，甚至有些是含混或混乱的。并且，观察既往对于马克思共同体的研究，没有找到一种能将马克思的共同体思想完全融合到马克思政治哲学的研究中去的有效方法，也没有概括和总结出一种使之与马克思政治哲学达到整体性关联的理论视域。当涉及马克思共同体思想如何在马克思政治哲学当中，以及在整个政治哲学史的共同体思想的研究当中的双重定位时，既无法准确地把握马克思共同体思想与马克思政治哲学之间的总体关系，也无法为马克思的共同体思想在政治哲学史的共同体研究中做出清晰准确的理论定位，这使得关于马克思共同体思想的研究工作长期游离在马克思政治哲学研究的边缘。

总结既往关于马克思共同体思想的研究工作，发现其在以下三个研究层面上存在重大的理论不足：

第一，没有对马克思的共同体概念做出清晰明确的辨析，由此导致马克思的共同体思想与马克思政治哲学在内部逻辑关系上存在断裂。因为除了共同体这个概念本身以外，马克思又大量地使用了具有共同体性质的概念，如"市民社会"、"政治国家"、"社会"、"联合体"等，加之马克思本人又几乎不加说明地在其文献当中综合地使用着共同体及其相关的这些概念，这就使得很大一部分的马克思主义研究者们在引用马克思共同体思想的相关文献时出现了概念的误用和混淆，甚至因此导致了对马克思的共同体思想的整体意涵做出了错误的认识和批判，认为马克思的政治哲学体系中不存在一种清晰明确的共同体思想。

第二，没有将马克思哲学的唯物史观和资本批判两大理论视域很好地结合于对其共同体思想的理解和研究过程当中，由此导致了相关研究缺乏对马克思共同体思想核心内容的理解维度，进而难以逻辑连贯地从马克思哲学的基本原则出发来分析和理解他的共同体思想，使得在马克思共同体思想的研究过程当中，相关的理论出发点往往游离于马克思哲学的基本原则之外，尤其是当涉及马克思共同体思想的价值指向时，往往就容易造成对其孤立的研究局面，进而导致马克思的共同体思想与马克思的哲学思想、马克思的政治哲学思想的整体性研究相脱节，甚至是本末倒置。

第三，没有对马克思的共同体思想做出政治哲学史上的清晰定位，对于其共同体思想在理论渊源上的讨论过于宽泛，没有深入的学理分析，进而导致关于马克思共同体思想的研究与政治哲学史上其他共同体思想的相关研究相脱节。同时，对于马克思共同体思想在当代政治哲学复兴以后的影响鲜有研究，这就导致对马克思共同体思想在现实意义方面的相关探讨存在缺失。此外，由于有关共同体的问题本身就十分复杂，加之学者们对该概念的理解又存在诸多歧义，因此使得对马克思共同体思想作出理论定位的难度大大增加。

三、基本思路和研究结构

（一）基本思路

本书立足于马克思的文本，从政治哲学的发展史以及共同体问题自身的发展脉络出发，以个人与共同体之间的关系问题为线索，对马克思的共同体思想进行了从概念解读到内容阐述再到意义阐释的系统研究，具体研究思路如下：

第一，从马克思的文本出发，对马克思的共同体概念进行清晰的阐释，对马克思共同体概念的使用方法、表达方式、意义层面和理解维度等进行全面的概念分析与解读，从而规范和明确马克思的共同体概念及其所涉相关诸概念的使用方法。

第二，从马克思共同体思想的理论源头出发，对其基础问题进行把握，运用马克思哲学的唯物史观和资本批判这两大理论视域，将马克思的共同体思想紧密贴合于马克思的政治哲学，对其加以澄清和理解。

第三，紧紧抓住政治哲学史当中的共同体问题，将"个人与共同体之间的关系问题"这一政治哲学史上有关共同体思想的核心议题凸显出来，使之成为将马克思的共同体思想串联于政治哲学史当中的理论线索。在把握个人与共同体的内在统一性的同时，对马克思共同体思想的伦理价值进行揭示，从而将马克思共同体思想的规范性维度完整表述出来。

（二）研究结构

基于上述基本思路，本书的具体研究结构如下：

第二章从政治哲学史的角度出发，论述马克思的共同体思想的理论渊源。古希腊时期的城邦共同体思想，启蒙时期的契约共同体思想，以及德国古典哲学的伦理共同体思想，这些政治哲学史当中的共同体理论都在不同程度上对马克思的共同体思想产生了影响，成为马克思共同体思想的重要理论渊源。尤其是德国古典哲学的伦理共同体思想，最终打开了马克思共同体思想的问题视域，更成为了马克思共同体思想展开现实批判的理论标靶。而在这些政治哲学史上的重要的共同体思想所形成的有关共同体的问题当中，最为重要的就是个人与共同体的关系问题。对该问题的回答构成了马克思共同体思想的一个核心内容。

第三章基于对马克思的共同体概念的分析，对马克思的共同体概念自身的独特特点、表达方式和理解维度进行阐释和说明。共同体概念是一个用来区分人的个体性存在方式与人的群体性的存在方式的聚合概念。进一步来说，共同体概念所强调的是作为个人的集合体内部的个人与个人之间的关系模式和交往内容。在这个意义上，马克思的共同体概念的核心意义就是，以人的生产实践关系为出发点建立起来的个人的集合体。从总体上看，马克思的共同体概念有着广义和狭义之分：当马克思在一种广义上来使用共同体概念时，共同体只是在表述其所具有的由一定关系模式之下的个人所组成的集合体的性质；当马克思在一种狭义上来使用共同体概念时，该种共同体概念往往都是以一种与关系性前缀搭配的方法来使用的，并且具有其特定的指向性，因此只是用来指称和表述特定的生产条件下的共同体形式。从理解维度上来看：从认知性维度出发，马克思以唯物史观为切入点对共同体的具体形态作出历史阶段的划分，牢牢抓住了生产力和生产关系与人类历史上的诸种共同体形式之间的内在联系；从规范性维度出发，马克思在很多地方谈论到人必须在共同体内部实现自身的价值，人的本质与共同体的本质的统一性关系，以及共同体内部秩序和原则的本质等问题，并以此来证明共同体对个人的价值以及个人如何在共同体中实现其自身价值的必要性等等。

第四章详细阐述了马克思共同体思想的形成过程、发展脉络、突出的理论问题与丰富的理论内容，并对其在马克思政治哲学当中的理论价值做出明确定位。首先，马克思的共同体思想及其相关概念，最早出现于马克思博士论文时期，发端于《莱茵报》时期的理论自觉，在《1844年经济学哲学手稿》和《德意志意识形态》时期，通过对黑格尔哲学以及费尔巴哈哲学的批判获得了发展，初步完成于《共产党宣言》，并且在《〈政治经济学批判〉导言》、《资本论》等后期作品当中得到进一步补充和完善。可以说，马克思的共同体思想是伴随着马克思哲学的整体思想进程而得到充实和发展的，马克思的共同体思想的核心内容是伴随着马克思自身哲学的全面发展而得到了系统性的构建的。其次，马克思共同体思想的基础问题是紧紧围绕着对黑格尔"颠倒了的世界观"的批判以及对费尔巴哈的"人"的反思展开的，其批判的矛头指向了宗教、国家、市民社会等等现实的共同体形式，并着重对资本主义生产方式下的共同体形式及其所产生的异化现象做出了深刻的现实批判。再次，若要完整理解马克思共同体思想的核心内容，必须要从两种理论视域出发对其分别作出解读：唯物史观的视域与资本批判的视域。这两种视域是相辅相成的。从唯物史观的视域出发，马克思的共同体思想在总体发展脉络上表现为一种从"自然的共同体"走向"真正的共同体"的历史进程；从资本批判的视域出发，马克思的共同体思想对共同体的发展和演变给出了两种逻辑解释：生产逻辑和资本逻辑。此外，马克思的共同体思想还表现出一种内在的统一性。这种统一性集中体现在个人与共同体之间的对立统一之中，这种对立统一辩证地发展于现实社会的生产实践。细读马克思共同体思想的相关文本还会发现，在这种个人与共同体的对立统一中，暗含了马克思对共同体的伦理意义和价值的理解与重构，尤其是马克思对"真正的共同体"的阐释，将"真正的共同体"的实现视为是人的自由的真正实现，从而完整揭示了个人与共同体之间的价值统一性。最后，综合马克思共同体思想的理论内容与核心关切，对马克思的共同体思想进行理论定位，就会发现马克思的共同体思想是内在于马克思的历史唯物主义理论的，其最终的指向是作为应然的共产主义的实现。马克思的政治哲学是关于现实的人类社会的实践哲学，而马克思的共同体思想以其自身独特的诉说方式，成为了马克思政治哲学的重要组成部分。

第五章从马克思共同体思想的当代发展、演变与延伸的角度出发，论述马克思的共同体思想在当代所产生的深远影响。虽然马克思终究没有以共同体思想为名进行过专门的写作，但是马克思的共同体思想所涵盖的内容几乎渗透到了他的政治哲学思想的每一个角落。只要是受到马克思政治哲学的影响，并对马克思的思考做出回应的人们都会涉及对共同体问题的论述和阐释。当然，更为重要的是，这些深刻的阐述大多来源于对现实的社会状况的反思，这也是由于马克思的共同体思想本身坚持唯物史观、从实践出发的必然结果。在当代政治哲学复兴的大背景之下，许多当代政治哲学家们不约而同地在他们的著作中对马克思的共同体思想进行演绎、阐释和辩论。其中最具有代表性的是自由主义、社群主义和英美的分析的马克思主义。在当代政治哲学视域之下，马克思共同体思想的当代意义也得到了彰显。

本书的创新之处在于，对马克思的共同体概念做出清晰的阐释，从概念出发澄清了马克思共同体思想的理论意义；阐明了马克思共同体思想的核心内容，创造性地将马克思的共同体思想置入到唯物史观和资本批判两大视域之中，从而完整地把握了马克思对个人与共同体之间的对立统一关系；将马克思共同体思想置入到政治哲学的视域下进行考察，透过共同体思想深刻认识马克思政治哲学的自身特质，从而深入理解政治哲学史中的共同体问题的价值和局限。

由于篇幅限制，本书没有过于细致地梳理马克思共同体思想所产生前后的共产主义的相关理论背景，如空想社会主义、共产国际、苏联的共产主义实践等，因而缺乏相关方面的表述；由于客观条件限制，缺乏对德文版马克思原著的学习和研读，只能借助国内二手文献对马克思的相关理论进行解读和分析，因此难免产生一些误读或误判。并且，对国外相关的研究成果仅仅能够通过网站、数据库以及少数图书资料进行掌握，因此可能对国外马克思共同体思想的相关研究以及当代西方政治哲学的相关研究把握得还不够，难免造成文章中相关的阐述不够全面。在今后的学习研究过程中，本人会加强外文文献和原著的搜集和阅读，拓宽对理论问题的现实把握渠道，夯实理论功底，逐步提高自身对理论问题的把控能力和洞察力。

第二章
马克思共同体思想的理论渊源

　　正如马克思在《神圣家族》中写到的，"思想从来也不能超出旧世界秩序的范围"①，因而马克思的共同体思想也必然存在其自身的理论渊源。具体而言，马克思的共同体思想是从西方政治哲学的学术传统当中批判性地汲取营养。古希腊时期的城邦共同体、近代启蒙时期的契约共同体以及德国古典哲学的伦理共同体，这些在西方政治哲学史当中最具影响力的共同体思想，既对它们自身所处的时代产生了重要的影响，也对那些与他们相承续的共同体思想产生了重要的影响。这些西方政治哲学史中的共同体理论，构成了马克思共同体思想的理论渊源。

一、古希腊时期的城邦共同体思想

　　共同体是一种历史性的存在，只有历史的视野才能把握不同时代的共同体思想之间的关联和差异。古希腊时期的共同体形态主要表现为城邦共同体，而这种城邦共同体是一种非国家形态的共同

①《马克思恩格斯全集》（第 2 卷），人民出版社 1957 年版，第 152 页。

体。原因在于，就古希腊的城邦共同体而言，它"是一个由拥有确定荣誉和义务的成年男性公民所组成的强大共同体。"①这种构成性质使得城邦和前城邦（或非城邦）社会之间存在着基本区别，也构成了城邦共同体与现代民族国家共同体的根本差异。一方面，城邦的公民本身即是城邦，不存在普通公民和政府或者政府官僚之间的区别和对立；另一方面，古希腊的城邦不存在黑格尔意义上的区别于国家的市民社会，也不存在现代民族国家内部出现的制度化的权力分离。基于这种差异，古希腊城邦共同体具有一系列特殊的政治特点：一个没有政党、非常有限的维持公共秩序的治安力量、缺少合法的公众宽容②以及没有天赋人权等作为政治思想基础的公民集体。然而正是在这样一种政治生态之下，古希腊人开启了我们关于共同体生活方式的最初的思考。同时，一种理性的共同体规约和感性的个人追求之间的张力也在此显现出来。

（一）城邦共同体的理性建构

在希腊化时期，"城邦"是一种基本的共同体形态。尽管古希腊的哲学家们对城邦共同体的某些构成原则或制度形式不尽满意，但是他们的政治哲学都不约而同地以城邦共同体为依托进行展开。可以说，希腊时期的政治哲学是一种"城邦共同体的哲学"，亦即是一种关于城邦共同体之善的哲学。这种城邦共同体的政治哲学被誉为西方哲学之母。虽然古希腊时期有大量的哲学家和思想家都对城邦共同体进行了论述，但是系统地对于城邦共同体进行优良设计和最终的理性建构，最终是由古希腊政治哲学的代表人物柏拉图和

---

① 〔英〕克里斯托弗·罗、马尔科姆·斯科菲尔德主编：《剑桥希腊罗马政治思想史》，晏绍祥译，商务印书馆 2016 年版，第 27 页。

② 如对于苏格拉底的审判。

亚里士多德来完成的。

在众多有关城邦共同体的理论当中，柏拉图无疑是最有影响力的思想家之一。柏拉图《理想国》的核心就是围绕理想的城邦共同体与其内部的个体成员之间的关系问题展开的。正如王新生教授所言，"对于柏拉图来说，个人的幸福生活只有通过作为公民的政治生活才能实现，因此只有通过对城邦政治生活的哲学思考才能获得对个人幸福的真正理解。"①

依据柏拉图对理想城邦的理解，"国家立基于我们个人的无法满足"②。由于柏拉图亲历了雅典城邦的由盛转衰③，他看到了城邦中的"法律和习惯正以惊人的速度败坏着……所有现存的城邦都治理得不好，而且无一例外。"④因此，为了实现城邦的幸福，个人的个体幸福与城邦共同体的集体幸福相统一便成为城邦共同体必须去制定的首要目标。但是，这个目标并非是像现代功利主义那样，要通过将个体幸福限定起来并使之屈从于整体幸福来实现。在柏拉图那里，"个体的幸福总只是一个（只有量化地可比）个体利益综合的平衡中的极限值，在这种平衡中个体的利益作为相互调和而结合一起"⑤。在这个意义上，最为突出的具有贯联特性的品质就是节制。按照柏拉图，一个理想的城邦共同体必须是正义的，而一个正

---

① 王新生：《什么是政治哲学》，载《哲学研究》，2014年第6期，第87页。

② 〔英〕戴维·米勒：《布莱克维尔政治思想百科全书》，邓正来译，中国政法大学出版社2011年版，第421页。

③ 伯罗奔尼撒战役的失败、"三十僭主"的暴政以及恢复平民政体后的苏格拉底惨案，这一系列的战争动荡、政治混乱与刑法暴行使得柏拉图意识到城邦存在着很多现实问题。

④ 王柯平：《〈理想国〉的诗学研究》，北京大学出版社2014年版，第14—15页；原文参见Plato. The Seven Letter，324b–326b. 中译文参阅汪子嵩等：《希腊哲学史》（第2卷），人民出版社1993年版，第601—602页。

⑤ 〔德〕施密特：《现代与柏拉图》，郑辟瑞，朱清华译，上海书店出版社2009年版，第442页。

义的共同体必然是有节制的，他甚至这样反问道："我们有办法能够不理会节制而直接找到正义吗？"[1]他视节制为与勇敢和智慧不同的东西，后二者在理想之邦中分别归属于共同体当中不同部分的个人，而节制则是作为渗透在城邦中一切公民之间的品质存在的，它能够将城邦中的一切公民有效地联结在一起。无论是在智慧上、财富上、力量上还是在其他的任何方面上迥异的个人，都可以通过节制紧密地联结在一起，因为只有节制才是所有人都可以有效为之的。因此依托于节制的结合是和谐的，节制使得城邦共同体的内部产生了"一支和谐的交响乐"。

在节制的贯穿和渗透之下，正义的城邦共同体必须与人类的天性相一致，其正义是从特殊角度凸显了的个人正义，作为城邦共同体的国家与个人的追求是一致的。柏拉图认为，人类的本性就是社会性，换言之，就是具有我们所说的共同体性质[2]，而个人的自我实现需要归结于共同体的自我实现，因此公民的政治义务是不证自明的，公民个人绝不会在政治共同体当中丧失或更改其权利。进而，柏拉图并不是要将国家看作规制冲突的外在机制，而是将之视为公民在其中得以发展公德和私德的自然境况。理想的城邦共同体就是公民之间彼此团结的政治共同体。因此，在论及城邦共同体内部的立法时，柏拉图在《理想国》中通过苏格拉底之口指出了城邦立法的根本目的是造福于城邦整体。他指出："我们的立法不是为城邦任何一个阶级的特殊幸福，而是为了造成全国作为一个整体的

---

① 〔古希腊〕柏拉图：《理想国》，郭斌和，张竹明译，商务印书馆 2011 年版，第 149 页。

② 虽然社会与共同体这两个概念存在某些差别，但是在这里，二者都表达了人类生活的社会属性。

幸福。"①而城邦造福于个人的运行机制有二：说服与强制。在这两个机制之下，城邦力图实现其内部所有公民的个人幸福，并且能够使得公民个人之间实现人际和谐，促使他们能够将个人的特殊利益供给到城邦的集体利益中去，从而更好地实现利益共享。这样一来，城邦中的公民个人就会团结起来，组成一个不可切割的公民共同体。

为了满足个人与共同体之间的这种颇具理想性的关系，一方面，柏拉图不断强调教育在理想城邦共同体中的关键性作用——这源于他希望通过正确的教育将人类激情的部分控制于理性之下；另一方面，柏拉图追求并诉诸智者和哲学王在城邦共同体当中的统治地位，并声称只有让哲学家来担任国王（并且必须把绝对的权力付诸于绝对明智的哲学王），才能够保证实现政治正义。而这两种突出的表现都不约而同地对理想的城邦共同体生活提出了理性的规约条件。在柏拉图的设想中，在个人与共同体的关系之上，"理性的非个人性被发挥到极致。"②

在后期的《政治家》以及《法律篇》中，柏拉图的政治思想发生了一些转变，这使得他对理想之邦的内部运行机制也做出了一定的调整。比如他在《政治家》中强调了法律的重要性，认为在哲学王出现以前，人们最好还是依法治理城邦；随后他又在《法律篇》中"草拟了一个在生活的每一细节方面都由法律来组织的理想之邦。"③但是这些都并不影响柏拉图对理想的城邦共同体的憧憬，以

①〔古希腊〕柏拉图：《理想国》，郭斌和，张竹明译，商务印书馆 2011 年版，第 279 页。

②〔英〕戴维·米勒：《布莱克维尔政治思想百科全书》，邓正来译，中国政法大学出版社 2011 年版，第 422 页。

③〔英〕戴维·米勒：《布莱克维尔政治思想百科全书》，邓正来译，中国政法大学出版社 2011 年版，第 423 页。

及他希望运用理性使之达到的基本状态——公民个人与城邦共同体的完美契合与高度一致性。柏拉图对于理想之邦的构想时常给人们造成一种错觉，那就是我们似乎可以把一切政治上的美好的价值追求都放置在理想之邦当中去考察：无论是自由、平等、公平还是正义，在一种完美的契合和高度的一致性的理性的城邦里，所有人都能够理性地洞见并且寻找到自己的身份定位，同时在理性的哲学王的统治之下，在这个上下一致的共同体当中，这一切价值都似乎能够顺理成章地得以实现。然而在柏拉图的共同体当中，人是分等级的，是"各司其职"的。在一定意义上，柏拉图的理想之邦更应当被称作为一种古典精英—理想主义的理性共同体。

亚里士多德同样对共同体与个人之间的关系问题十分看重。亚里士多德以"身体"与"手脚"之间的关系来类比城邦与个人之间的关系，在《政治学》一书中亚里士多德这样说道："如果整个身体被毁伤，那么脚或手也就不复存在了。"①此外，与柏拉图一样，亚里士多德也认为城邦内部应当具有规范性原则。由于城邦共同体的存在目的和意义在于至善的实现，因此伦理原则就必然成为城邦共同体是否合法的判断原则和根据。

如果说柏拉图始终是在一种纯粹的乌托邦式的善观念中去建构共同体生活的，那么亚里士多德就更多的是从城邦共同体生活的现实出发对城邦政治进行思考。从这个意义上来说，亚里士多德的许多价值原则和道德标准并不是基于纯粹的有关"善"的理念思辨，而是更多地从城邦的政治实践和生活经验当中提炼出来的。亚里士多德为此组织编写了一部极具实践探究精神的政治学书籍——《雅

---

① 〔古希腊〕亚里士多德：《政治学》，颜一，秦典华译，中国人民大学出版社2003年版，第4页。

典政制》①。在亚里士多德看来，城邦共同体的政治生活以及这种政治生活所体现的原则都不是永恒不变的，但是研究这些可变事物的理论科学却是一种永恒的普遍真理。因此，亚里士多德在《尼各马可伦理学》中这样写道："我们以科学方式知道的事物不会变化，变化的事物不在处于观察的范围之外……科学的对象是由于必然性而存在。因此，它是永恒的。"②当亚里士多德看到现实中人性表现出来的诸多弊端和局限性时，他就主张要以法治代替人治；当他发现在现实当中任何政治共同体内部都会产生集体与个体之间的利益分歧和矛盾时，他就主张要以集体利益来作为区别政体好坏的有效标准；当他发现政治共同体内部的贫富分化会造成社会矛盾时，他就要求共同体内部的中产阶级进行执政……诸如此类，皆源于亚里士多德的实地考察和归纳反思。诚然这些建议在今天看来未必正确，但是亚里士多德的这种以实践之学来探究政治规范和伦理价值的方式却无疑对后世的社会科学的发展产生了深远的影响。由于亚里士多德的这种反思和追求真理的方式，并不是将真理放在抽象的彼岸，而是主张以现实的社会实践及经验予以归纳揭示，因此许多学者将他的这种实践倾向与马克思的实践的观点联系起来。

（二）个人对城邦的感性叛逃

如果说柏拉图理想之邦的基本追求是要实现作为城邦公民的个人与城邦共同体的完美契合和完全统一，那么古希腊晚期的政治哲学家伊壁鸠鲁所倡导的就是公民个人与城邦共同体相脱离的个人的"原子式偏斜"和叛逃。假使一定要给这种叛逃找到一个初衷，那

① 为了完成这部著作，他组织学生对雅典周边 158 个城邦的政治制度进行了实地考察，并加以归纳总结。

② 〔古希腊〕亚里士多德：《尼各马可伦理学》，廖申白译，商务印书馆 2003 年版，第 170 页。

无疑就是对个人自由价值的感性追求。

在雅典时期的政治哲学当中，哲学家们或有意识、或无意识地将城邦共同体的价值抽象出来加以讨论，正如柏拉图所强调的那样，其根本立足点就在于个人的价值与共同体的价值的不可分割性。这实际上是基于一种长期稳定的共同体的生活方式的政治哲学判断。即便是在现实生活当中经历了诸多挫折的柏拉图，也仍旧寄希望于通过建构理想之邦的方式来拯救这种个人与共同体的统一性的价值。

然而随着马其顿帝国的入侵，这种情况出现了彻底的动摇。这种动摇似乎是一种历史车轮碾压下的必然性表现。在这种表现之下，很多人对于既往的城邦共同体产生了怀疑，其中犬儒学派的反应尤为凸显。犬儒学派的学者们宣称，新兴的帝国颠覆了传统的政治环境与社会道德，在帝国的侵略和影响之下，原本占有统治地位的城邦共同体，其脆弱性暴露无遗。犬儒学派甚至直接批判城邦，认为其"向来就无甚价值，其规则与价值观也向来虚假。"[1]除了犬儒学派之外，伊壁鸠鲁意义上的个人以"原子偏斜式运动"对城邦共同体的叛逃也是在此种危机的论调下生发出来的。城邦共同体在战争状态下逐渐瓦解，这种瓦解在伊壁鸠鲁看来就意味着共同体的价值随之消失。在这种价值消解的危机之下，他通过对德谟克利特的自然哲学的继承，在其原子论中提炼出了原子（个人）对于直线（共同体）的偏离运动的观点。在伊壁鸠鲁这里，原子的原型是作为个体的个人，原子偏离直线的运动就是个人对于共同体的偏离运动，这种运动的终极指向和终极目的就是个人自由的实现。一方面，他将这种偏离运动与他自身的快乐哲学相结合，认为避开痛苦

---

① 〔英〕麦克里兰：《西方政治思想史》，彭淮栋译，海南出版社 2003 年版，第 102 页。

追求快乐是个人的自然本性，而自然本性的东西在伊壁鸠鲁看来是易得的东西，至于不易得到的一切事物都是不自然的，同时也是空虚而无价值的。另一方面，伊壁鸠鲁认为，自然本性是人身体上的感性欲望的来源，因而人源自对于这种感性欲望的实现的渴求而要求达到自身利益目的的相关行为是无可厚非的，甚至应当是善和快乐的。由于一些基本的生活材料就可以满足人的感性肉体欲望，这种欲望就是自然本性的，是快乐的，是易得的。同时，他又依据于将自然本性和人为习俗相区别的方式，提出作为政治共同体的城邦共同体的生活是习俗性的，是外在的必然性的生活，而"偏离政治"、避开痛苦则是属于人的自然本性的追求，是内在的自由的生活。正是这一点，最终导致伊壁鸠鲁与古希腊传统的城邦政治哲学产生了根本的分歧。按照伊壁鸠鲁的观点，如果在城邦当中，某人醉心于政治共同体的生活，那就等于在说，某人是沉迷在必然性的生活当中，因而某人就是被必然性的命运所决定了的，因为城邦的生活方式显然是一种与人的自然本性的自由相背离的生活方式。伊壁鸠鲁看到了现实的政治生活对人性当中自由欲求的限制，并且将现实的政治生活视作是城邦共同体所表现出来的必然性的生活方式。选择生活于城邦共同体的政治秩序之下，就是等同于选择了与自由无缘。对此伊壁鸠鲁指出："必然性是一件坏事；但是生活在必然性的统治之下并不是一件必然的事。"[1]在这里可以清楚地看到，伊壁鸠鲁将社会秩序、政治生活、共同体生活三者不加区分地放置在一起，统统归结到实现个人"自由"的反面——一种"必然性"的生活之下。对此他还提到，城邦共同体的政治对个人而言无疑是一种束缚，而个人若想获得自由，只能是彻底逃离城邦从而摆

---

① 〔古希腊〕伊壁鸠鲁等著：《自然与快乐》，包利民等译，中国社会科学出版社 2004 年版，第 33 页。

脱命运，努力偏离那种原有的不自由状态。在伊壁鸠鲁眼中，共同体的价值并不是内在于人的本性价值之中的，并且个人的自由与共同体的集体同质性在本质上是相互冲突、矛盾的两种价值。

由此，伊壁鸠鲁从作为自然本性的自由等一系列价值维度出发，来论证个人的原子式偏斜运动的合理性。这种论证的思想来源在很大程度上是基于城邦共同体的瓦解而导致的关于共同体价值的理解失衡。由于城邦共同体已然危在旦夕，作为生活于城邦共同体当中的个人就必然会选择逃离这种与共同体一并消解的现实命运以求自保，进而通过偏离共同体价值的方式达到并实现自身的个体价值。但是，与马克思对现存政治秩序的反抗进而追求积极的自由不同，伊壁鸠鲁的这种反抗和对自由的追求是消极的，他只是在无止境地劝诫人们去过那种出世的、淡泊名利、与世无争的清净生活。

伊壁鸠鲁这种个人"偏斜式"的共同体思想在改变古典政治哲学的城邦共同体思想的研究理路和方法的同时，也颠倒了古典城邦政治哲学的价值观念，并且对包括马克思的共同体思想在内的近现代的共同体思想产生了深远的影响。

二、启蒙时期的契约共同体思想

"契约"这个概念在古典时期已然出现，但是在那个久远的年代并没有流行开来。在《理想国》（358e-360e）中，格劳孔的理论往往作为被苏格拉底批判的对象，然而正是这个被批判的对象，他提出了一个与后世契约论发展十分相关的假设：人自然地具有侵略性，不得已而求其次才接受了契约。在跨越了长达千年的中世纪神学统治以后，启蒙的思想家们又将"契约"的思想从天国拉回了人世。

正如城邦共同体构成了古希腊哲人们的政治哲学的思想源泉一样，契约共同体也同样构成了启蒙思想家们的政治哲学中所关切的重大问题。然而这并不意味着启蒙时期的人们具有完全一致的契约共同体思想。以霍布斯和洛克为首的英国经验主义的契约共同体和以卢梭等人为首的法国浪漫主义的契约共同体有着许多重要的区别和错综复杂的联系。一方面，霍布斯、洛克等人从理性出发，对构成政治共同体的社会契约进行理性缔结式的逻辑推演；另一方面，卢梭等人则从"自然主义"的人性论角度出发，以人的情感需求为依托对契约共同体的理性缔结方式提出了挑战和质疑，并且重新强调了依据于人的自然本性形成的契约共同体的重要意义。

共同体思想及其相关的理论问题在启蒙时期得到深刻的发展，并且关于共同体核心问题的思考也在这一时期逐渐趋于成熟。这种发展和成熟的表现在于：当人们思考共同体的问题时，不仅仅是在思考个人与共同体之间的关系问题，还进一步思考了人类社会在一种普遍意义上能够产生以及如何产生共同体的问题。因此，启蒙时期的共同体思想除开对于个人与共同体之间关系问题的关切之外，还对共同体本身的形成原因做出了理性的分析和论证，这标志着共同体理论在政治哲学层面的进一步延伸和拓展。除此之外，如果仔细考察共同体的有关问题，我们就会发现几乎一切有关共同体的话题都与人的自然本性相关，进而我们就会不自禁地将这种观点融入到对共同体思想的考察之中。

（一）契约共同体的理性缔结

启蒙时期，共同体出现了一种全新的联合形式：契约共同体。它的特点在于，主张共同体的形成和发展是通过人为地订立契约的方式来完成的。而有效缔结的社会契约则是依赖于个人为保障个人利益从而进行选择和"同意"的结果。在这一时期,霍布斯和洛克等人的社会契约理论尤为著名。虽然他们各自对于契约共同体的合理性论证不尽相同,但是他们都始终坚持契约共同体具有符合人类理性选择的正当性。

霍布斯的共同体思想基本上就是围绕着契约论下的国家共同体来谈的。其理论所囊括重要内容有如下三点:第一,契约的订立;第二,共同权力的形成;第三,统一人格的出现。在霍布斯看来,人的自然天性是恶的,这在一方面导致了人类的自然状态是人攻击人的状态,并且使得没有止息的相互争斗和恐惧不安弥漫其中。但是由于人拥有自然理性,因此人们出于自保原则便试图摆脱这种自然状态,寻求有组织的和平生活,进而相互订立了社会契约。在这种社会契约当中,每个人都甘愿放弃原来自身享有的一部分自然权利,并将其转让给一个强大无比的统治者或主权者(一个人或者一个集体),由此建立国家共同体。因此,我们很容易就能够看到的是,霍布斯所说的自然状态就是一种共同体缺失的状态,而国家共同体就是人们的自然理性希望通过契约来得以建构的共同体生活。在《利维坦》中,霍布斯对国家共同体做出了如下定义:"建立这样一种能抵御外来侵略和制止相互侵害的共同权力,以便保障大家能通过自己的辛劳和土地的丰产为生并生活得很满意……把大家所有的权力和力量托付给某一个人或一个能通过多数的意见把大家的意志化为一个意志的多人组成的集体……这就是一群人相互订立信约、每个人都对它的行为授权,以便使它能按其认为有利于大家的和平与共同防卫的方式运用全体的力量和手段的一个人格。"①

可见,霍布斯通过契约来建构的共同体与该共同体内部个人之

---

① 〔英〕霍布斯:《利维坦》,黎思复等译,商务印书馆 1985 年版,第 132 页。

间的关系，集中表现在："利维坦"不仅仅使得君主在世俗权力的决定权上对宗教教会造成了巨大的挑战，甚至还完全成为了对于已然成立的国家共同体内部的一切个人权力的统摄。"利维坦"式的国家共同体所拥有的"国家人格"，在实际上就是这个国家共同体内部的公共人格，而君主作为这个"人格"的象征，其作为主权者的自身人格便逐渐化身为这个政治共同体的"国家人格"本身。因此，主权者的意志及其所代表的"国家人格"在一定层面上就是"利维坦"的基本形式，也同样是"利维坦"的灵魂。主权者不是游荡在"利维坦"当中，而是"利维坦"驻足于主权者的意志之下。那么问题在于，承担着公共人格的代表者——君主，能否避免因其自身自然人格的局限性所造成的公共利益与私人利益的冲突？因为，就契约国家而言，作为一种代表着授予者权利的政治共同体，其主权者，或者说是国家人格与契约关系下的个人之间虽然并非是简单的被服从与服从的君民关系，不过在自然人格和公共人格之间，如何保证主权者能够抛却其自然人格，这仍然是一个十分重要但是却又无法得到有效保证的问题。这种国家共同体与个人之间的内在张力，不仅仅是由霍布斯所预设的原初战争状态决定的，而且还与其所假定的国家共同体的权力构成状态有关。

契约与共同权力的构成原则是启蒙时期任何一个契约论者都十分重视的论题，而霍布斯关于公共的统一人格的判断则无疑还保存着古典时期的共同体思想追求：个人与共同体的同质性追求。并且，如果深入思考统一人格的部分，就会对霍布斯的国家共同体的正义原则提出质疑——人为的政治秩序如何消除自然人性的非道德？洛克的共同体理论对这个问题进行了思考。这关涉另外一个重要问题，即当由国家公民所组成的社会独立于国家之外时，是否还能成为另外一种层面上的共同体。

与霍布斯有所不同，洛克在对自然权利、国家与社会的关系等问题做关联性思考的同时，还对国家和社会作出了区分，并且特别强调了社会的独立性。这在共同体理论的研究当中具有相当重要的意义。

洛克以原始的自然状态和发展了的公民社会来区分人的生存方式。在洛克看来，无论是这两种状态中的哪一种，都要把生命权、自由权和财产权视为是人的最为根本的权利。而人之所以选择从最初的自然的生存状态中走出来，进入到成熟的公民政治状态中去，就是因为人们希望能够借助政治共同体来实现对自身权利的有效保障。

洛克所说的自然状态是一个人类群居的概念，在这种状态下人们没有共同的"裁判者"，所有人都只服从自然法的指引。因此，纯粹的自然共同体当中"没有其他的裁判者，各人自己就是裁判者和执行人"[1]。那么，人如何摆脱这种无"裁判者"的自然状态的问题就倒向了社会共同体是如何建构起来的问题。按照洛克的思想，那就是，每个人都在"同意"的基础之上订立社会契约，将自己的部分权利转让给社会共同体。一旦这种社会共同体得以形成，那么每个人的个人权利在共同体形成的那一刻就已然交付给该共同体代为行使，共同体也同时要担负起保护个人权利的责任。洛克对此有如下表述：

"真正的和唯一的政治社会是，在这个社会中，每一成员都放弃了这一自然权力，把所有不排斥他可以向社会所建立的法律请求保护的事项都交由社会处理。于是每一个别成员的一切私人判决都被排除，社会成为了仲裁人，用明确不变的法规来公正地和同等地

---

① 〔英〕洛克：《政府论》（下篇），叶启芳等译，商务印书馆1996年版，第53页。

对待一切当事人……凡结合成为一个团体的许多人，具有共同制定的法律，以及可以向其申诉的、有权判决他们之间的纠纷和处罚罪犯的司法机关，他们彼此都处在公民社会中。"①

由此可见，这个公民社会的共同体与霍布斯的"利维坦"至少在两个方面有所区别：

一方面，在公民社会里，共同体的统一决定并不来源于君主的"统一人格"，而是来自于大多数人的"同意"，"君主"被替换为"社会"。洛克对此指出，当一群人聚集在一起，他们以每一个身在其中者的全部同意为基础，组建成一个共同体时，他们就会赋予该共同体作为整体进行行动的权力。这里的"行动权力"就决不是来自于君主，而是来自于聚集为这个共同体的每个人的同意。同时，洛克还特别强调："如果不是这样，它就不可能作为一个整体、一个共同体而有所行动或继续存在。"②因此，在这个整体当中，每一个人成为制约每一个人的条件，每一个人也成为保护每一个人利益的条件。

另一方面，政治社会与国家并非是相同东西。我们可以从洛克关于法权和国家形式的表述中对此加以分析。洛克指出："制定法律的权力归谁这一点就决定国家是什么形式。"③与此同时，洛克又说："当人们最初联合成为社会的时候，既然大多数人自然拥有属于共同体的全部权力，他们就可以随时运用全部权力来为社会制定

---

① 〔英〕洛克：《政府论》（下篇），叶启芳等译，商务印书馆 1996 年版，第53 页。

② 〔英〕洛克：《政府论》（下篇），叶启芳等译，商务印书馆 1996 年版，第60 页。

③ 〔英〕洛克：《政府论》（下篇），叶启芳等译，商务印书馆 1996 年版，第81 页。

法律。"①类似地，他也还说过："当某些人这样地同意建立一个共同体或政府时，他们因此就立刻结合起来并组成一个国家，那里的大多数人享有替其余的人作出行动和决定的权利。"②我们可以仔细品味一下这里面的理论逻辑：人们联合成为社会——运用全部权力来为社会制定法律——法律权的形式决定国家的形式。因此，作为一种通过联合而成的共同体，政治社会首先诞生了，而后国家或者"任何合法的政府"便也随之诞生了。那么，政治社会本身至少是一种经过同意形成的政治共同体，而国家则是在这种政治共同体的基础之上形成的法律体系和治理体系，它服务于政治社会。

洛克通过社会契约的角度对共同体的建构过程做出了一种抽象的假设和描述。从自然状态到政治社会进而到建构起来的政治国家，这种契约共同体最终形成了对人类社会的不平等发展所带来的欲望、矛盾和道德伦理观念等问题的思考和反应。换句话说，洛克的共同体思想实际上提供了一种思考个人与共同体之间关系问题的新型解释思路——一种人类对于共同体生活方式的理性需求的前提，与一个经过理想的"同意"条件所产生的法治的政治共同体结果。

（二）"自然主义"人性论的感性挑战

17 世纪的社会契约论对法国的政治哲学产生了十分重要的影响。然而浪漫的法国人对于人的"理性选择"却时刻保持着一分警惕。与霍布斯和洛克等人以理性设计和建构契约共同体的方式不同，卢梭从人的情感出发指出了人类文明在发展的过程当中所出现

---

① 〔英〕洛克：《政府论》（下篇），叶启芳等译，商务印书馆 1996 年版，第 80 页。

② 〔英〕洛克：《政府论》（下篇），叶启芳等译，商务印书馆 1996 年版，第 59—60 页。

的道德衰颓和人性堕落现象，并指出，人若想实现真正的自由以及真正的平等，就必须要回到自然的共同体当中去。卢梭的这种观点对后来的马克思的共同体思想产生了不可忽视的影响。

"人生而自由，却无往不在枷锁之中。"这可以在一定程度上被视为是卢梭的共同体思想的开端。启蒙的大多数思想家们普遍接受并且认为人类社会是以理性选择下的契约共同体的方式存在的。而人若想要更好地实现自我保存，就必须生活在这种共同体之中。然而，对于"自然主义人性论"的思想家们来说，恰恰是这种"理性选择"下的共同体的生存方式，在某种程度上构成了个人与共同体之间的价值矛盾和分歧：当个人的私人利益与共同体的集体利益之间产生分歧和矛盾时，在理性指导下缔结的社会契约只能强行摧毁个人利益以保全共同体的整体利益。个人的天然的"自由"本性在这种社会集体的"枷锁"之中没有任何反抗的余地。

这种对个人与共同体之间的价值分歧的探究并非是卢梭独有的，但是这一点却无疑被卢梭的政治哲学本身所具有的复杂性和矛盾性更加鲜明地彰显出来。卢梭认为，社会契约共同体产生之前的人类拥有天然的自由，而社会契约共同体产生之后的人类则只能拥有社会自由。一方面，共同体限制了人的自由，剥夺了他们在自然状态之下应当天然享有的无拘无束的权利；另一方面共同体也保护了人的自由，使人们获得了能够在稳定的、相对安全的社会状态下得以和平生存的权利。此外，与霍布斯和洛克不同的是，由于卢梭进一步区分了政府与国家，并且将之分别视为两种共同体形式，因此主权行为就成为共同体和它内部成员之间的契约而非成员与成员之间的相互契约，这就使得个人与共同体之间的价值对立在卢梭那里表现得更为突出。因此，卢梭的政治哲学极大程度地激发了我们关于人类社会作为政治共同体而存在并且能够继续维持发展的合理性问题的重新思考：人的自由和平等在依据理性和契约精神建构下的政治共同体当中能否被实现；个人与共同体的价值能否得到真正的统一和发展。正如乔治·萨拜因所说的，"卢梭比大多数人都更倾向于把自己人性中的矛盾和失调归咎于社会"[①]。

卢梭的共同体理论涵盖了如下两个方面：

一方面，个人的命运与共同体的命运被紧紧地捆绑在一起。由于人们出于"公意"结合起来并联结为一个共同体，"每个人都以其自身及其全部的力量共同置于公意的指导之下，并且我们在共同体中接纳每一个成员作为全体之不可分割的一部分"[②]。这种共同体是感性和理性相结合的双重选择的结果，"只是一瞬间，这一结合行为就产生了一个道德的与集体的共同体，以代替每个订约者的个人……这一由全体个人的结合所形成的公共人格，以前称为城邦。现在则称为共和国或政治体；当它是被动时，它的成员就称它为国家；当它是主动时，就称它为主权者；而以之和它的同类相比较时，则称它为政权"[③]。因此，这种共同体具有着统一的"公共人格"，在个人与集体的统一性价值上表现为"公共的大我"，在形态表现上则历史性地表现为"城邦"、"国家"和"政权"。这一段表述不仅使得卢梭将个人与共同体的统一性原则带回到柏拉图对共同体与个人的价值统一性判断，而且还鲜明地为共同体在价值和形态两个维度上做出了区别性定义。

另一方面，政府和国家是两种不同的共同体。在卢梭那里，不仅仅要像洛克那样将政治社会独立于国家，并且还要对在政治社会

①〔美〕乔治·萨拜因：《政治学说史》（下卷），邓正来译，上海人民出版社2010年版，第265页。

②〔法〕卢梭：《社会契约论》，何兆武译，商务印书馆2003年版，第20页。

③〔法〕卢梭：《社会契约论》，何兆武译，商务印书馆2003年版，第21—22页。

的基础之上形成的具体的政府和国家作出区分。关于政府与国家的区分，卢梭认为首先二者之间存在根本上的差异：国家作为一种共同体，它在根本上是以自身的存在为目的的；政府则不然，它是听命于主权者的，以服务主权者为目的的。因此，"君主的统治意志就只是，或者只应该是公意或法律；他的力量只不过是集中在他身上的公共力量罢了；只要他想使自己获得某种绝对的、独立的行为，整体的联系就会开始涣散"①。

卢梭的浪漫主义的感性情怀和他对自然人性的思考共同构成了他对启蒙理性的挑战。这与古希腊晚期的伊壁鸠鲁强调个人的感性独立性以及对共同体的感性叛逃不同，卢梭则是强调了一种个人对共同体生活的感性回归。虽然这种针对理性建构者的挑战最终让卢梭的共同体思想表现出一种异常矛盾的状态。但是，这种挑战也极大程度地扩充了共同体的价值所要被关注和思考的范围——理性的设计和建构之外，还有感性的回归。卢梭在这里赋予了作为共同体的政府以一种感性的理解形式，他认为政府共同体若想实现自身的目的，保存自身的存在方式，那么政府就必须要彰显其为共同体内部每一个个体都共同拥有的感情和意志。如此一来，聚集在一起组成共同体的个人才能够结合在一起，实现他们对自身的自我保存的同时，维系共同体的永续发展。

卢梭认为，理智、知识、科学的进步和发展构成了人类社会共同体的"进步"，但也正是由于这种进步，使得人类共同体内部充斥了不平等、欲望和利己主义。共同体与个人之间的价值分歧也就来源于此。卢梭敏锐地观察到，生产力的发展是人类历史运动的主要原因，这在一定程度上为后来马克思对于生产力的发展推动人类社会历史发展的观点提供了理论参照。

①〔法〕卢梭：《社会契约论》，何兆武译，商务印书馆 2003 年版，第 76 页。

三、德国古典哲学的伦理共同体思想

德国古典哲学的共同体思想在很大程度上承接了契约论的传统，这不仅仅体现在康德在其《永久和平论》中对"自由国家的联盟"的论述之中，而且还表现在德国古典哲学对共同体的自然状态和社会状态的区分之上。尽管德国古典哲学在更加宽泛和普遍的维度上为共同体的构成原则做出辩护，在强调了人类共同体的重要意义的同时，还在价值层面上比以往任何时候都强调了共同体的价值意涵，然而，德国古典哲学并没有从理论层面上摆脱形而上学式的思维对共同体思想的禁锢。虽然，在费尔巴哈以前也出现了卢梭、休谟和伯克等人对这种依据形而上学的思维方式建构出来的共同体思想所提出的质疑，但是这种在共同体理论上的形而上学预设和理性主义的思考逻辑直到费尔巴哈的感性—对象性批判原则的出现才真正地开始表现得松动一些。

（一）康德对伦理共同体的界定

在法国大革命以后，康德的政治哲学得到了很大的发展。晚年的康德十分注重对于共同体问题的探讨。由于他坚定地认为政治必须"屈膝"于道德，因此他的共同体思想也挂上了浓厚的伦理学的色彩，并提出相对于政治共同体而言的伦理共同体。有些人在研究康德的共同体理论或者引用康德的共同体观念时将这二者混为一谈，认为康德的政治共同体就是伦理共同体，这是不对的。准确来说，康德是分别从政治的自然状态和伦理的自然状态出发，分列出了政治的共同体和伦理的共同体。在康德看来，政治共同体所关注的是外在行动的合法性，故而其立法者必须是联合成为一个整体中的人；对于重视内在的道德性的伦理共同体而言，其立法者则必然不是人。因此，就启蒙时期的契约论而言，他们将重点放在人类对政治自然状态的脱离，进而是以理性的契约选择为依托组建人类的政治共同体。而在康德的进一步细分之下，伦理共同体则奠基于关于"目的王国"的形而上学的道德预设。在道德与政治必然会互相联系在一起的世界观之下，道德与法律就构成了康德共同体思想的两大核心要素。

在此基础之上，与伦理共同体状态相对应的就是伦理的自然状态。这里所说的伦理的自然状态，并非是缺乏律法的自然状态，而是在即便已然产生律法的政治共同体当中也会出现的道德上的"自然状态"。并且，这种道德上的"自然状态"是普遍存在于社会之中的。在《单纯理性限度内的宗教》中，康德这样表述道：

"就像律法的自然状态是每个人对每个人的战争状态一样，伦理的自然状态也是一种存在于每个人心中的善的原则不断地受到恶的侵袭状态。"[1]

由于缺乏一种把人们的"良善意志"联系在一起的原则，因此，"即使每一个个别人的意志都是善的……他们就好像是恶的工

---

[1]邓安庆：《康德意义上的伦理共同体为何不能达成》，载《宗教与哲学》，2018 年第 1 期，第 28 页；中译本参见李秋零主编的《康德著作全集》（第 6 卷），中国人民大学出版社 2007 年版，第 97 页；原文载于 Immanuel Kant Werke in zehn Bänden, Band 7, Herausgegeben von Wilhelm Weischedel, WissenschaftlicheBuchgesellschaft, Darmstadt 1968, S.755.

具似的"[①]。

在此意义上，康德提出要以"伦理的共同体状态"来结束"伦理的自然状态"，这应该包含如下三种意义：第一，在某种共同体的状态之下，每个人心中都有自己的善的原则；第二，需要一种普遍有效的共同善或公共善，把每个人联合起来；第三，只有以共同善或公共善为基础联合起来形成的伦理共同体，才能够避免每个人之间由于互相之间的德行损害而导致的无伦理状态。

因此，按照康德，可以"把人们仅仅根据德行法则（只要这些法则是公共的）的联合体称作一个伦理的社会，和一个伦理的—公民的社会（与律法的—公民的社会相对），或者一个伦理的共同体。"[②]在这个伦理共同体当中，每一个个人都在一种共同拥有的一般性的善观念的基础之上聚合起来，并以此来反对并解决由于"伦理的自然状态"而造成的道德损害。因此，伦理共同体不是"法权"下的社会共同体。因为在伦理共同体当中，每一个个人所遵循的是在伦理道德层面上的公共的善，这并非是一种固定的法律体系，而是一种道德体系。这种"道德体系"与黑格尔所要批评"道德"实存形式并不相同，后者作为一种"实存形式"，仅仅具有主观上的善良意志，而不具备规范性的实体。同时，康德的伦理共同

---

①邓安庆：《康德意义上的伦理共同体为何不能达成》，载《宗教与哲学》，2018 年第 1 期，第 28 页；中译本参见李秋零主编的《康德著作全集》（第 6 卷），中国人民大学出版社 2007 年版，第 97 页；原文载于 Immanuel Kant Werke in zehn Bänden，Band 7，Herausgegeben von Wilhelm Weischedel，WissenschaftlicheBuchgesellschaft，Darmstadt 1968，S.755.

②邓安庆：《康德意义上的伦理共同体为何不能达成》，载《宗教与哲学》，2018 年第 1 期，第 29 页；中译本参见李秋零主编的《康德著作全集》（第 6 卷），中国人民大学出版社 2007 年版，第 94 页；原文载于 Immanuel Kant Werke in zehn Bänden，Band 7，Herausgegeben von Wilhelm Weischedel，WissenschaftlicheBuchgesellschaft，Darmstadt 1968，S.752.

体与政治共同体在根本上也是不一样的两种共同体类型，前者是目的，后者则是手段。虽然这种康德式的伦理共同体作为"目的王国"的至善整体最终不会实现，因为它已然是属于"超验的理念"范畴，然而人们却可以通过一种好的法律秩序来接近这种道德的共同体状态。

基于此，康德又重新回到了对于政治共同体的考量。事实上，如前所述，由于康德的最终意愿是希望政治共同体能够无限地去接近伦理共同体，因此在康德的政治共同体中，其伦理共同体的价值影响是如影随形的。法律的最终目的是为良善意志的实现创造出一个良好的环境，"如果公共法律正义确使一些道德目的（例如不准杀人）得到遵守……那么公共法律正义在康德这里就可以被看成只是部分地实现了在所有人的意志都是善良的条件下才可以实现的目的"①。因而康德最终走向了这种法权下的政治共同体，也就是自由国家的联盟，康德也是在这个层面上部分地接受了契约论的思想。

康德所设想出的理想的自由国家的联盟，是一种可能的政治共同体形式，其目的是为了替代那个不可能由人类实现的伦理共同体。当代学者普遍认为这是一种康德式的世界公民图景下的政治共同体，是与康德所提出的世界公民思想相结合的一种国家联盟。在这个国家联盟当中，康德着重强调了非强制性的自愿结成原则。除此之外，康德还表达了一种对于世界性范围的国家联盟的理性需要，这种世界性的国家联盟是在康德世界公民的观念之上生长出来的。康德指出："每一个国家，纵令是最小的国家也不必靠自身的力量或自己的法令而只须靠这一伟大的各民族的联盟，只须靠一种

①〔英〕戴维·米勒：《布莱克维尔政治思想百科全书》，邓正来译，中国政法大学出版社 2011 年版，第 299 页。

联合的力量以及联合意志的合法决议，就可以指望着自己的安全和权利了。"①在一种普遍的和一般的历史观念之下，康德认为，不同的国家最终所组成的联盟必须建立在共同的约法基础之上，从而使得这种具有联盟性质的更为广泛性的共同体（Gemeinwesen）能够依循于"法"来行使权力，从而保障和实现公民共同体的真正福祉。在另外一篇文章②中，康德又在这种共同体的建成原则上加入了非强制性因素——虽然康德仍然觉得，若想促进世界实现和平，就要让一切民族国家形式的共同体都纳入到一种跨越国家边界的联盟中去，并且，参与进去的各国都要听命于公共的约法。但是，康德却不再重申要强制力量来推行该约法。在这里，康德放弃了国家联盟的强制性质，但是同时他仍然坚持世界各国应当践行一个具有国家联合性质的世界共同体。到了《永久和平论》以及《道德形而上学》那里，他愈发开始强调了该种世界共同体的无强制性。这个具有世界共同体性质的"自由国家的联盟"，在《永久和平论》中表达了其应有的目的，就是要保护其自身作为一个国家的以及加盟其中的其他盟国的自由，它们无需因为受到保护而被强制执行或受制于联盟内的公共约法。

实际上，康德在自然状态和世界公民状态之间加入了一种新型机构——"联盟"（Bund）。联盟的出现意味着康德在设置这种世界公民式的政治共同体时，其势必将会与伦理共同体思想构成暧昧不清的关系。首先，他希望能够依托于加盟国之间的契约关系，联盟中可以创造出一个具有强大力量的中央政府，以保证联盟在拥有公法的基础之上可以有效地保障公法得以运行；但是其次，康德却还

---

① 〔德〕康德：《历史理性批判文集》，何兆武译，商务印书馆1996年版，第12页。

② 详细内容可以参见《论通常的说法：这在理论上可能是正确的，但在实践上是行不通的》

是希望维系一种无强制力的联盟状态，他希望联盟能够吸引到那些具有同样追求的国家，并促成它们进行自愿的联合。因此，虽然在《普遍历史观念》中，康德设想了一种强势的联邦政府，但是于《永久和平论》里，联盟又成为了对弱势的联合体的称谓，并且该联合体需要起到积极的作用，即便是其不能强势地保护其内部盟国的权益。依然具有重要的积极作用。这无疑是一种需要伦理价值支撑的共同体愿景。联盟通过国际仲裁减少各国之间的矛盾分歧，保障其各自权益。矛盾得以消退与权益得以保障的同时，联盟就能够提升人的道德认知，逐渐使得人类在原则上逐步达到更大的一致性。更深层次的，作为共同体的联盟也会因此而得到进一步的发展和提升，为更好的、更加完善的、更符合伦理原则的共同体奠定历史基础，这是人类共同体和人类历史发展的康德式理想。因此不得不说，即便是在康德的政治共同体相关论述当中，我们仍然可以看到康德的伦理共同体的影子。归根到底，康德的共同体思想所具有的伦理学意义是不容忽视的。

　　综上所述，无论是康德对"自由国家的联盟"的人类政治共同体的理性建构，还是康德对理想的"超验"的伦理共同体的形而上学预设，都给我们提供了进一步思考共同体价值的可能性空间。

（二）黑格尔理性大厦下的伦理共同体

　　康德对伦理共同体的最终实现提出了一个接近于否定性的论断，并且诉诸于"自由国家的联盟"的政治共同体形式，但黑格尔却持有完全不同的见解。作为德国古典时期的理性主义集大成者，黑格尔试图弥补康德先验哲学所遗留下来的理性遗憾。法国大革命以后，德国的传统政治体系受到了极大的冲击。黑格尔"试图唤醒希腊政治的历史功绩以作为政治统一体的缩影，与此同时也想说明建立在主观原则上的现代社会为什么不能实现那种自我与政治体的统一，而这种统一是古典政治的基石。"①因此，黑格尔的政治哲学必然地带有着一种古典政治哲学追求个人与共同体之间统一性的伦理特点。

套用一句众所周知的黑格尔名言："凡是合乎理性的东西都是现实的；凡是现实的东西都是合乎理性的。"②共同体显然是"现实的东西"，因而共同体在理性的统摄之下也必然是合理的东西。黑格尔相信人类的一般观念能够把握人类社会的发展规律，绝对理念最终一定会把握理想王国。依据黑格尔的观点，家庭、市民社会和国家，诸种共同体形式都应当统一隶属于伦理的世界，其中每一项都是根据不同的组成原则构成的人类关系框架。在家庭、市民社会和国家之间，存在着一种辩证的发展和统一的关系。这种辩证统一关系综合表现为：家庭（狭义的利他主义）——市民社会（普遍的利己主义）——国家（普遍的利他主义）。首先，在家庭当中，家庭成员往往为了其他家庭成员的福利而牺牲自己的利益，这表现为一种小范围内的（家庭内的）利他主义；其次，在市民社会中，最典型的就是在商人群体当中，他们以自我利益为中心进行经济活动和生产活动，把他人的利益视为达到自身盈利目的的手段，这就是一种普遍的利己主义构成的人际关系的必然结果；最后，在国家里，黑格尔认为国家一方面融合了家庭伦理当中的利他主义，即为他人福利履行义务；另一方面则融合了市民社会的普遍要素，即把市民的自我意识作为与他人一样的一般意识加以理解，形成普遍的市民意识。黑格尔指出："对家庭和市民社会这两个领域来说，国

---

① 〔英〕戴维·米勒：《布莱克维尔政治思想百科全书》，邓正来译，中国政法大学出版社 2011 年版，第 224 页。

② 〔德〕黑格尔：《法哲学原理》，范扬，张企泰著，商务印书馆 1961 年版，第 11 页。

家一方面是外在必然性和它们的最高权力，它们的法规和利益都从属于这种权力的本性，并依存于这种权力；但是，另一方面，国家又是它们的内在目的，国家的力量在于它的普遍的最终目的和个人的特殊利益的统一，即个人对国家尽多少义务，同时也就享有多少权利。"①

康德意义的伦理共同体在黑格尔这里并非是无法完成的。因为，黑格尔认为，"伦理是自由的理念"②。它在黑格尔的"自我意识"中是有知识的、有意志的，它能够通过自我意识的运动完成它自身的现实性。作为一个自由的理念，伦理首先是活的善。同样的，在伦理的存在中，自我意识拥有其自身的绝对基础和目的。在自我意识的目的性推动之下，伦理便可以构成现存世界和自我意识的本性。既然如此，"伦理"作为自由的理念，伦理共同体的实现就是实现主观意志和客观意志的统一的"自由"的过程。黑格尔试图借助于辩证法的论证方式，把家庭、市民社会和国家三个伦理实体统一起来，通过从主观精神到客观精神再到绝对精神的发展路径来实现自由。

绝对精神的实现和辩证法的牵引都使得黑格尔的伦理共同体走向了共同体和个人的对立统一。在《精神现象学》中，黑格尔这样说道："活的伦理世界就是在其真理性中的精神……此岸与彼岸的那个世界，以及道德世界观……它们将继续进行其向着精神的单一而自为存在着的自我发展的归返运动，它们所要达到的目标和结

---

① 〔德〕黑格尔：《法哲学原理》，范扬，张企泰著，商务印书馆1961年版，第261页。

② 〔德〕黑格尔：《法哲学原理》，范扬，张企泰著，商务印书馆1961年版，第164页。

果，将是出现绝对精神的现实自我意识。"①

并且，在有关国家的论述上，在这个被黑格尔定义为"伦理理念的现实"的共同体在最终形式上是于个人的自我意识的知识与活动里存在着的。对此，黑格尔明确地在《法哲学原理》中提出了相关的论述。那么辩证来看，在黑格尔看来，"单个人的自我意识由于它具有政治情绪而在国家中，即在它自己的实质中，在它自己活动的目的和成果中，获得了自己的实体性自由"②。

因此，共同体与个人的统一性在黑格尔这里是辩证统一的。个人（主观）的自由原则就是作为政治共同体的国家原则，政治共同体使得这种原则上的统一性得以彰显，这种原则上的统一性又反过来继续促成个人与共同体的辩证统一，在这个意义上黑格尔和契约论者卢梭具有相似性。但不同的是，黑格尔超越了契约论意义上的将国家与社会等共同体的现实形式视为实现个人利益的工具的共同体观念，通过个人—国家辩证统一发展的方式，将伦理共同体这种作为个人实现了发展的结果作为自由的实现方式，通过这种对立统一的自我实现，把个人转移到了共同体之上，并且依据于辩证法原则，个人是只有内在于共同体之中才能获得完备的道德存在。

然而，虽然这种统一性是不容置疑的，但是作为个体的个人与作为集体的共同体之间的地位和重要程度却是有所区别的。在黑格尔的共同体思想中，个人作为共同体的理性体现者，只不过是以作为共同体的"材料"的形式存在的。这种对个人价值的批判主要体现在黑格尔对个人主义的批判上。黑格尔认为个人主义既没有认清个人的本质，也没有认清共同体的本质。个人的自由在黑格尔这里

---

① 〔德〕黑格尔：《精神现象学》（下卷），贺麟，王玖兴译，商务印书馆 1979 年版，第 4—5 页。
② 〔德〕黑格尔：《法哲学原理》，范扬，张企泰著，商务印书馆 1961 年版，第 253 页。

被彻底理解为一种在共同体中存在的社会现象。也就是说，自由不是人的一种天赋，而是经由共同体支持下的法律和伦理赋予个人的一种地位。"黑格尔的特点在于把个人选择同任性随意、感情用事或盲目狂热等同起来"①。黑格尔甚至这样说道："个人存在与否，对客观伦理来说是无所谓的，唯有客观伦理才是永恒的，并且是调整个人生活的力量。"②但是，与对个人的态度不同，黑格尔高度肯定了国家。他在《法哲学原理》当中公然否认政治哲学有批判国家的权利，并且把该书直接定义为"以国家学为内容"，认为除了"把国家作为其自身是一种理性的东西来理解和叙述的尝试"③以外，它"什么都不是"。

黑格尔的共同体思想处处体现着对康德伦理共同体的升华以及对其内部所存在的矛盾的弥合，这种工作的完成所依赖的逻辑方法就是辩证法。在经历了休谟的怀疑理论、卢梭的感性思考以及康德的划界对勘之后，黑格尔试图确立一种大胆的综合思辨原则，以应对传统分析的逻辑方法所造成的理论困境。这种新型综合逻辑（the logic of synthesis）就是辩证法。在黑格尔这里，辩证法不仅仅赋予道德和宗教以一种合逻辑的正当性证明，还揭示了存在于社会和历史中各种相互依存的活动和关系。虽然其中的许多观点被后世质疑，但是单纯就这种综合逻辑来说，还是被之后的马克思所采纳。在辩证法的指导之下，黑格尔坚持认为人类的历史是人类自由意识的发展和展开的过程，而人类的这种自由意识则表现在共同体的种

①〔美〕乔治·萨拜因：《政治学说史》（下卷），邓正来译，上海人民出版社2010年版，第344页。

②〔德〕黑格尔：《法哲学原理》，范扬，张企泰著，商务印书馆1961年版，第165页。

③〔德〕黑格尔：《法哲学原理》，范扬，张企泰著，商务印书馆1961年版，第12页。

种政治、文化和宗教当中。在此基础之上，黑格尔还将人类的自由意识和历史进化分为三个基本阶段：东方世界（Oriental World）——古典世界（Classical World）——日耳曼世界（Germanic World）。当然，这种划分是基于黑格尔的民族情感和当时的历史背景，黑格尔也因此受到了许多批判。除此之外，黑格尔关于政治自由是各种社会矛盾的相互整合和微妙平衡的观点，对当代的社群主义者产生了重要的影响。人类共同体的构成原则及其个人与共同体之间的统一性关系，对于这些问题的理性建构工作，在黑格尔这里达到了空前的顶峰。

（三）费尔巴哈的感性—对象性批判

正在人们还在顶礼膜拜黑格尔的理性大厦时，费尔巴哈却已然开启了对黑格尔哲学思想的猛烈批判。他的感性论和自然主义观点都对马克思的唯物主义思想产生了重要的影响。早在青年黑格尔运动时期，费尔巴哈就指出："黑格尔的绝对精神不是别的，只是抽象的、与自己分离了的所谓有限精神。"[1]而之所以将费尔巴哈和人本学经常联系在一起，则是因为费尔巴哈在他的哲学当中处处强调人的本质问题。例如，在关于宗教神学的批判当中，费尔巴哈讲道："一般上帝的本质不是别的，就是理智，就是那个脱离外来规定的人的本质。"[2]当费尔巴哈对以往哲学的逻辑基础进行批判时，他强调："只有人才是费希特的'自我'的根据和基础，才是莱布

---

[1]〔德〕费尔巴哈：《费尔巴哈哲学著作选集》（上卷），荣震华，李金山译，商务印书馆1984年版，第104页。

[2]〔德〕费尔巴哈：《费尔巴哈哲学著作选集》（下卷），荣震华，王太庆，刘磊译，商务印书馆1984年版，第315页。

尼兹的'单子'的根据和基础，才是'绝对'的根据和基础。"①当费尔巴哈在评价思维与存在的统一性问题时，他这样讲道："思维与存在的统一，只有在将人理解为这个统一的基础和主体的时候，才有意义，才是真理。"②从这种人本主义出发，费尔巴哈把他的这种人本学建立在自然本质与人的本质的统一之上，因此，费尔巴哈的共同体思想也就天然地带上了人本主义的色彩。

感性—对象性原则作为费尔巴哈的论证方式，集中体现了费尔巴哈以感性的个人为中心的人本主义的哲学本质。在他完成博士论文《论唯一的、普遍的和无限的理性》之后，他曾经将自己的博士论文连带着一封信一起寄给了黑格尔，他向黑格尔解释了自己论文中的"缺陷"，并且称之为是对黑格尔哲学的"鲜活"的接受。当时的费尔巴哈认为，理念的事物不应当长期居于感性之上，而"应当从'其苍白的纯粹性'和'自身统一性的天国'降落到渗透特殊者的直观，以便把现象的确定的东西并入自身。纯粹的逻各斯需要'道成肉身'，理念需要'实现'和'世俗化'。"③这实际上就为费尔巴哈走向批判黑格尔的一面提供了早期的思想支撑。此后，费尔巴哈进一步发展了自己的感性—对象性思想，并且提出："哲学不应当从自身开始，而应当从它的反面、从非哲学开始。我们中间这个与思维有别的、非哲学的、绝对反经院哲学的本质，乃是感觉主义的原则。"④这种感觉主义的原则贯穿了费尔巴哈人本主义思想的

---

①〔德〕费尔巴哈：《费尔巴哈哲学著作选集》（上卷），荣震华、李金山译，商务印书馆1984年版，第118页。

②〔德〕费尔巴哈：《费尔巴哈哲学著作选集》（上卷），荣震华、李金山译，商务印书馆1984年版，第181页。

③参见《费尔巴哈书信往来与遗著集》，转引自卡尔·洛维特：《从黑格尔到尼采》，李秋零译，生活·读书·新知三联书店2014年第6期，第94页。

④〔德〕费尔巴哈：《费尔巴哈哲学著作选集》（上卷），荣震华、李金山译，商务印书馆1984年版，第111页。

始终，这就意味着，这种感觉主义的原则也同时贯穿了费尔巴哈对于共同体问题的思考。

费尔巴哈的感性—对象性原则包含了两个方面：一个是对象与人的关系，在一般的意义上，人是由其认识的对象认识到自身和他人的存在；另一个是把感觉作为人的认识工具，通过感觉，人对自身的本质认知才能够得到确证。

在第一个方面，自然、他人和类都成为人对自身认识的来源。在以自然为对象时，自然成为人的"直接的，可靠的"[①]来源，并且成为人类所依赖的"母亲"，因此，在费尔巴哈看来，我们不能够从自然当中把人抽象出来；在以他人为对象时，"他人是我的本质"，人对自然的依赖恰恰是通过人对他人的依赖而实现的，与他人的交往关系和依存关系构成了人的本质内容；在以类为对象时，费尔巴哈将"类"意识作为人与动物最严格意义上的区别，人通过"把自己的类当作对象"[②]，意识到自身的存在的同时，产生了自我意识。

在第二个方面，费尔巴哈认为他以感觉为工具创造了一种"新哲学"，这种新的哲学弃绝了一切绝对的、非物质的思辨，"说着属人的语言……声明只有有血有肉的、人化了的哲学才是真正的哲学"[③]，并且这种哲学建立在"感觉的真理上"，其基础是"提高了感觉的实体——现实的人"[④]。

---

① 〔德〕费尔巴哈：《费尔巴哈哲学著作选集》（上卷），荣震华，李金山译，商务印书馆 1984 年版，第 355 页。

② 〔德〕费尔巴哈：《基督教的本质》，荣震华，李金山译，商务印书馆 1984 年版，第 29 页。

③ 〔德〕费尔巴哈：《费尔巴哈哲学著作选集》（下卷），荣震华，王太庆，刘磊译，商务印书馆 1984 年版，第 13 页。

④ 〔德〕费尔巴哈：《费尔巴哈哲学著作选集》（上卷），荣震华，李金山译，商务印书馆 1984 年版，第 168 页。

依据以上两个方面，我们可以很清楚地推导出费尔巴哈的共同体意涵———一种基于感性—对象性原则的个人与个人之间的交互状态和依存场域。费尔巴哈对此这样说道："人的本质只是包含在团体之中，包含在人与人的同一之中。"①因此，团体，亦即我们所说的共同体就成为每一个个人必然的依存所在。他还说道："只有社会的人才是人，因为有你存在和与你共处，我才是我。"②作为共同体，社会成为人与人产生对象性确证以及自我确证的场域。费尔巴哈的上述论点都与后来马克思的共同体思想中的"人的本质是人的真正的共同体"③有着十分相近的立场。

除了直接使用团体、社会等鲜明的与共同体相关联的词汇以外，费尔巴哈在感性—对象性原则中表现出的"类"的思想也向我们表达了一种共同体意涵。费尔巴哈关于"类"的概念具有许多层面的含义。在《基督教的本质》一书的第一章中，费尔巴哈以此来为人与动物的区分作出判断，他指出："只有将自己的类、自己的本质性当做对象的那种生物，才具有最严格意义上的意识。"④因此，"类"的概念在涉及个人与共同体的关系时就显得尤为重要。在费尔巴哈这里，对"类"的认识和认同构成了个人组建共同体进行生命活动的一个基础性能力，而意识到类的存在则更进一步地促使个人完成了对自我的确证。费尔巴哈认为，个体的人是无法独自实现自身和认识自身的，必须要把个人放置到类中才能打破个人的

①〔德〕费尔巴哈：《费尔巴哈哲学著作选集》（上卷），荣震华，李金山译，商务印书馆1984年版，第185页。

②〔德〕费尔巴哈：《费尔巴哈哲学著作选集》（上卷），荣震华，李金山译，商务印书馆1984年版，第571页。

③《马克思恩格斯全集》（第3卷），人民出版社2002年版，第394页。

④〔德〕费尔巴哈：《费尔巴哈哲学著作选集》（下卷），荣震华，王太庆，刘磊译，商务印书馆1984年版，第26页。

认识局限。因此，人与人的相互需要就成为了一种人的"类"特性，也正是因为这种"类"特性，促使人们自然地形成了共同体的生活方式。

除了在涉及感性—对象性原则的相关论述当中的零零散散的陈述之外，费尔巴哈对共同体并没有太多特别的说明，尤其是关于共同体是如何生成的问题。因此，我们几乎无法从费尔巴哈这里找到任何的有效的系统性答案，这在很大程度上是费尔巴哈强调个人与自然的统一性的结果。依据于费尔巴哈的原则，共同体与个人毫无疑问是具有统一性的。个人必须要在共同体中才能够实现自身。费尔巴哈实际上是想要在感性的个人层面构造一种个人与自然的统一性，从而也就构造了个人与共同体的统一性，再以感性作为基础来反驳黑格尔的思辨哲学。他的这种感性的基础对黑格尔的共同体思想构成了颠覆性的批判，这种颠覆性批判在于，感性—对象性原则所确立的感性的人之间的交互关系构成了共同体内部的相互体认原则，共同体的产生不是个人的伦理理念自身演绎的结果，而是拥有感性能力的人所赖以体认自身的依存所在。这种批判对马克思的共同体思想产生了极大的影响。

四、马克思的真正的共同体：反思与批判

从西方政治哲学史对于共同体思想的展开和揭示过程看，共同体与个人之间的关系问题是构成追溯共同体思想的一个核心线索。针对这个问题，马克思的共同体思想创造了一种新型的极具价值的思考方式。这种思考方式有三个特点：第一，把共同体与个人的抽象的统一性问题还原为现实的统一性问题；第二，把杂糅着社会实

体与伦理观念的双重共同体概念的讨论重新区分为对于共同体的形态和价值的两个维度的讨论；第三，个人与共同体并重。围绕着个人与共同体之间的关系问题，在马克思独特的思考方式的引领之下，"真正的共同体"思想开始了对城邦共同体思想、契约共同体思想以及伦理共同体思想的反思与批判。

（一）对城邦共同体思想的反思

古希腊时期的城邦共同体思想至少给马克思提供了两道思考题：第一，个人与共同体的价值是不是具有统一性的；第二，个人与共同体的价值何者是第一性的。

关于第一个问题，无论是柏拉图还是亚里士多德，都承认了个人与共同体的价值统一性。柏拉图理论中的城邦共同体从根本上来看就是一个同质性的共同体，而在亚里士多德那里，共同体是为了人们追求至高善而存在的，德性作为共同体成员一致追求的目标，将个人与共同体紧密地联结在一起，并且人只有在共同体当中才能更好地追求善，城邦共同体的终极目标就等同于个人的终极目标。然而伊壁鸠鲁对此则持反对态度，他认为城邦本来就无甚价值，个人的自由的实现必然要脱离城邦的束缚，城邦的终极目标与个人的终极目标是相反的，城邦是在追求一种必然性的生活方式，而个人则从根本上是要追求一种自由的生活方式。上述两种观点在马克思的共同体思想当中被部分地借鉴吸收的同时，也受到了批判。一方面，马克思认为个人的价值与"真正的共同体"是统一的，他指出"人的本质是人的真正的共同体"[①]。另一方面，马克思对城邦共同体这种形态本身作出了批判。因为在马克思看来，城邦共同体只不过是一个在落后的生产力和生产关系条件下产生的历史的产物，其

---

① 《马克思恩格斯全集》（第3卷），人民出版社2002年版，第394页。

与真正的共同体相去甚远。因此，在城邦共同体当中根本实现不了人的自由发展，这才是导致伊壁鸠鲁误认为共同体本身就无甚价值的原因。而共同体作为人的生活方式，其发展规律与人自身的发展相一致，因为人的解放和自由的实现需要历史的不断发展和演进，因此共同体本身也需要不断地发展和演进。

关于第二个问题，在古希腊也存在许多争议。一种主张共同体的价值是第一性的，其代表人物就是柏拉图。在柏拉图那里，个人的价值完全依托于城邦的价值。柏拉图甚至认为，在一个不正义的城邦当中，正义的人也是很难找到的。所有的城邦公民都处于一种城邦理性秩序的支配之下，因此最好的城邦就是哲学王统治下的城邦，因为这样一来城邦的秩序就是最具智慧的。因此，黑格尔曾指出，"柏拉图的理想国……其主要之点在于压制个性"[1]。而在伊壁鸠鲁那里，认为人的感性需求是第一性的，是一种自然的需求，而人对共同体的需要是习俗的、后天形成的，是不自然的。因此人若想实现自身的价值，"偏离政治"就是必要的。除以上两种观点之外，亚里士多德则表现为对二者的综合。与柏拉图压制个性而凸显共同性的思想不同，亚里士多德认为，是个人从本性出发对至善和幸福的追求造就了共同体的生活方式，共同体与人所追求的终极价值和福祉相统一。同时亚里士多德也不会同意伊壁鸠鲁的观点，因为他还指出，"人在本性上是政治的"[2]，因此，人天然需要以共同体的生活方式存在，并且当且仅当人在共同体当中存在时，人才可以完成对至善的追求。但是，亚里士多德又是矛盾的，因为他在一些时候又倒向了柏拉图，认为共同体具有优先性的地位，比如，亚

①〔德〕黑格尔：《哲学史讲演录》（第2卷），贺麟，王太庆译，商务印书馆1960年版，第264页。

②〔古希腊〕亚里士多德：《尼各马可伦理学》，苗力田译，中国人民大学出版社2003版，第11页。

里士多德以"身体"与"手脚"之间的关系来类比城邦与个人之间的关系，在《政治学》一书中亚里士多德这样说道："如果整个身体被毁伤，那么脚或手也就不复存在了。"①马克思的"真正的共同体"思想同样也对这一问题进行了反思和批判。在一定程度上，马克思更加接近于亚里士多德，但是却没有像亚里士多德那样的纠结。在"真正的共同体"当中并不存在个人与共同体何者为第一性的问题，个人与共同体之间是对立统一的，相互促进、共同发展的，其价值的最终实现是辩证一致的。亚里士多德强调人在本质上是政治的，这与马克思所强调的劳动是人的本质活动一样，都是在强调人所具有的社会属性，而共同体恰恰是人的社会属性的表现，共同体是不可或缺的，并且不存在与人性的本质冲突。但是显然，马克思不会赞同"真正的共同体"就是城邦共同体这种判断。

（二）对契约共同体思想的拒斥

契约共同体思想继承和发展了古希腊的城邦共同体思想，提出了一种新的关于共同体的形成方式的思考——从个人出发来缔结政治共同体。这种对共同体的建构方式，其根本的立足点在于对个人权利的保护和实现。马克思一方面看到了契约论者对于个人现实权利的深刻关切以及对社会现状的强烈不满，另一方面则拒斥了契约论者所提出的契约共同体的解决方案。

就契约论者对人的现实生存状态的关切而言，霍布斯指出了人对物质资源的根本需求。正是立足于这个根本需求，个人之间才出现了自然选择和竞争。而共同体则是为了处理这种个人与个人之间的矛盾关系才出现的契约产物。而对于洛克来说，他之所以要强调

---

① 〔古希腊〕亚里士多德：《政治学》，颜一、秦典华译，中国人民大学出版社2003年版，第4页。

政治共同体的产生是个人之间缔结社会契约的结果，是因为现实社会当中出现了太多当权者损害个人权利的现象。如果对于共同体的公共权力不加限制，必然会导致其对个人权利的损害。再反观卢梭，他之所以声称要回到原始的自然共同体当中去，是因为他看到现实的人类社会内部充斥了不平等、欲望和利己主义。

事实上，马克思的异化理论正是对契约论者所担心的这些不堪的现实的无情揭露。契约论者所承认或认识到的不公平和不道德的社会现状，也同样是马克思的现实批判所要批判的对象。但是，这并不意味着马克思同样接受了契约论关于契约共同体的形成理论。契约共同体思想实际上成为了现代代议制政府的辩护者，其最终导致的结果是西方资本主义的历史终结理论。而这构成了马克思从根本上拒斥契约共同体思想的首要原因。如果将契约论者所推崇的契约共同体在马克思的共同体思想当中作出归类，那么其无疑是一种"虚幻的共同体"。其虚幻性表现在：首先，现实的人类发展史当中根本就无法证明存在过一种社会契约形成的历史时期和社会状态；其次，契约形成的法律制度和政治秩序根本无法保障个人的利益，其实质上是统治阶级进行阶级统治的工具。

马克思拒斥契约共同体思想的另一个原因还在于，契约论者的共同体的出发点是个人主义的。从马克思的共同体思想来看，利己主义等道德问题实际上都是由生产力发展的不充分以及现实的人类社会的物质匮乏所导致的。而"真正的共同体"所能够实现的首要条件，就是解决生产力和物质匮乏的现实问题。因此，个人与共同体之间现存的内在矛盾，并不能完全归咎于现有的共同体的内部秩序，这种矛盾还在于现实的个人首先也没有得到完全的自我解放。在人类社会的发展过程中，个人的发展与共同体的发展是相互促进的过程。因此马克思的共同体理论虽然立足于人的本质和人的自我实现，但是他并不是个人主义的。这正是马克思的"真正的共同体"思想的辩证之处。

除上述问题之外，一些契约论者，如卢梭等人还敏锐地观察到生产力的发展是人类历史运动的主要原因，这在一定程度上为后来马克思对于生产力的发展推动人类社会历史发展的观点提供了理论参照。此外，契约论者还尝试着对现实的共同体作出划分，将政府、国家和社会进行区别，这与马克思将市民社会和国家作出区别理解有着相似之处。

（三）对伦理共同体思想的批判

德国古典哲学的伦理共同体思想无疑直接影响到了马克思的共同体思想。众所周知，在马克思哲学思想形成的早期，马克思尚且还是一个黑格尔主义者，并且马克思还曾经一度处于黑格尔关于自我意识问题的影响之下。在博士论文时期马克思很大程度上受到青年黑格尔派的影响，但是，马克思并没有陷入到对抽象的自我意识的思考迷雾当中，"就自觉地割断自我意识的思辨的脐带从而把它引入关于人的独立性和个性思考这一点而言，他显然在寻觅着自己的哲学进路。"[①]这种哲学进路就体现在，马克思既反对把抽象的个别的自我意识作为绝对原则，也反对把抽象的普遍的自我意识作为绝对原则。不过，这种对自我意识的关注，也使得马克思开始了对于个人与共同体之间的关系问题的思考，并逐渐发展成为马克思对德国古典哲学的伦理共同体思想的现实批判。这种理论的觉醒一方面来自于马克思对于现实社会状态的清醒认识，另一方面则来自于对费尔巴哈思想的批判性继承。对于马克思而言，费尔巴哈的

---

①黄克剑：《人韵——一种对马克思的解读》，东方出版社 1996 年版，第113 页。

感性—对象性原则是一种极具吸引力的内在规定。马克思在《1844年经济学哲学手稿》中明确接受了感性—对象性原则的观点，并且对其作出了进一步深探，他指出"人作为对象性的、感性的存在物，是一个受动的存在物……激情、热情是人强烈追求自己的对象的本质力量。"①但是，显然他比费尔巴哈走得更远，在共同体的问题上马克思进行大量篇幅的深刻讨论，产生了大量的新型概念和理论观点，而在费尔巴哈那里，对于共同体问题的思考则是相对缺失的。共同体在马克思这里毫无疑问是个人在现实的感性实践活动的过程中创造出来的，并且人的自由本质也与真正的共同体的自由本质相一致。

在马克思看来，无论是康德还是黑格尔，他们的"伦理共同体"理论都是将个人与共同体的统一性归结为人所共同拥有的统一的抽象本质。简单来说，德国古典哲学的思想家们都是从理性这种人类所特有的特性出发，来寻找社会历史的发展根据的。这种思想在黑格尔那里极其突出地表现了出来。由于黑格尔认为在人的理性当中最为根本的东西就是概念和范畴，因而从理性的特性出发，就要从抽象的概念和范畴出发来看社会历史的发展。那么对于共同体的认知，以及共同体能够产生并且得以发展的原因不是现实的人的实践，而是人自身的抽象特性——理性的自我演绎。进而，这种抽象的人类特性就成为了人类社会历史能够将个体聚合起来形成共同体的原因。黑格尔认为，共同体"间接存在于单个人的自我意识和他的知识和活动中"②。而按照马克思的共同体思想，共同体是一种现实的人类生存状态，这种生存状态是人的社会劳动和社会实践

---

①马克思：《1844年经济学哲学手稿》，人民出版社2000年版，第107页。
②〔德〕黑格尔：《法哲学原理》，范扬、张企泰译，商务印书馆1961年版，第253页。

在历史中发展的结果，而不是从一个统一性的人的抽象特性中演绎出来的。不同于黑格尔从精神理性和非意见性这种抽象的层面考察社会历史规律，马克思认为推动社会生活发展的不是人类的普遍的道德意识，真正推动社会历史的是现实的社会生产实践。这就决定了马克思注意到并开始重视感性的现实的人的作用，而不仅仅是理性的抽象的人的精神作用。进而可以推出，抽象的人说明不了社会的本质，现实的人和物质基础才能说明社会的本质。黑格尔在其《法哲学原理》的引言里提到："目前有一种观念，以为思维的自由和一般精神的自由只有背离甚至敌视公众承认的东西……这种观念可能在对国家的关系上最为深固，因此，关于国家的哲学看来本质上具有发现并提供另一种理论、一种新的特殊的理论的任务。"[1]虽然，黑格尔也是将这种个人自由与共同体生活之间的相容性论证视为"一种新的特殊的理论的任务"，然而他并没有像马克思那样将共同体以形态和观念两种途径相结合的方式来构建自由与共同体的共融之路，而是仅仅滞留于形而上的论证，忽略了对人类历史各阶段所表征出来的具体的共同体形态的批判。而马克思对"真正的共同体"是"自由人的联合体"这一终极指向的推论却正是在对作为具体的历史形态的共同体的批判中完成的。

因此马克思批判了德国古典哲学依据人的普遍理性原则所建构的虚幻的共同体（包括康德的伦理的—公民的社会、黑格尔意义上的家庭、市民社会和国家），他指出："人始终是这一切实体性东西的本质，但这些实体性东西也表现为人的现实普遍性，因而也就是一切人共有的东西。"[2]

---

① 〔德〕黑格尔：《法哲学原理》，范扬，张企泰译，商务印书馆1961年版，第4页。

② 《马克思恩格斯全集》（第3卷），人民出版社2002年版，第52页。

德国古典哲学与马克思的不同，在于他们理论论证的根本立足点不同。德国古典哲学家们立足于抽象的人的理性（伦理）精神，马克思则立足于现实的感性的具体的个人生活与社会生产，立足于实践的人及其所创造的生产力和生产关系。从这个意义上来说，马克思找到了社会历史发展的根据和现实基础。共同体内部的结构，亦即它内部的社会关系，"是随着物质生产资料、生产力的变化和发展而变化和改变的"①。用一种简单的方式来概括马克思对于共同体的理解，那就是借由社会生产力的根本需要，共同体在人的现实的感性实践中被创造出来；并且借由社会生产力的不断发展，共同体的现实形态产生了不断的变化。因此，就个人与共同体的统一性而言，由于社会生产形成了人们现实的生产关系，共同体作为表现了人们的现实生产关系的存在，其势必意味着共同体在现实当中而不是在抽象的概念中是与个人统一起来的。就个人对自由的实现而言，追求真正的个人自由与追求真正的共同体仍然是相统一的。马克思的观点在于，自由离不开共同体，脱离共同体的自由是违背人的本质的。与之相适应的，马克思对真正的共同体的追求，其目的是要认清人对真正的自由以及人对真正的共同体生活的渴望与现实历史之下不具备其物质条件的生产实践之间的矛盾。"真正的共同体"是个人的自由与共同体的自由相统一的价值归宿，必须要回到现实的实践当中去逐步、积极地完成。

---

① 《马克思恩格斯全集》（第 6 卷），人民出版社 1961 年版，第 487 页。

第三章
马克思的共同体概念

　　从前文可知，马克思的共同体思想与政治哲学史上一些重要的政治哲学家们所论述的共同体问题存在着渊源和联系。无论是先前的共同体观念，还是马克思的共同体思想，都指向对个人与共同体关系问题的求解。由于解决方案存在差异，他们在有关共同体概念、构成及本质方面的也就理解存在"争议"。对于先前的哲学家们来说，围绕着个人与共同体之间的关系问题，有关共同体的探究要么是出于对人们共同的生存空间的讨论，要么是引向对人们共同的伦理价值的求证。这两种理论方向使得有关共同体思想的探索产生了混乱和分歧。要解决这种矛盾，共同体理论必然诉求一种一般意义上的共同体概念。尽管对一般意义上的共同体概念加以规定十分困难，但是只有找到这样一种概念规定，才能够划定共同体思想的自身论域，从而形成有效的讨论和对话机制。

　　从共同体概念所具有的一般特点上来看，共同体概念必然论及其内部成员间的关系模式；从共同体概念的表达方式上来看，不同的共同体概念的表达必然对应着其各自关涉的不同关系模式。在广义上，共同体是对一切具有共同性的关系模式构成的人的集合体的抽象表述；在狭义上，共同体要表达的是以特定的关系模式做出具体指称的人的集合体。

虽然马克思从未言明在他的理论中存在着一种一般性的共同体概念，也没有论及他是在何种意义上讨论共同体的，但是这并不意味着我们不能从他的语言表达和思维逻辑中找到他对于共同体概念的使用方法和理解方式。基于共同体概念的一般特点和表达方式，马克思的共同体概念可以概括为以人的生产实践关系为基础的人的集合体。当马克思在广义的层面上来使用共同体概念时，它是对一般意义上的以生产实践关系为基础形成的人的集合体所做的抽象表述；当马克思在一种狭义上论述共同体时，他则是对具体的、特定的生产实践关系下的共同体形式做出具体指称。

除了在广义和狭义两个层面上表达和使用共同体概念，马克思还以认知性和规范性两种维度对共同体加以理解。马克思对共同体的认知性理解体现在，他以唯物史观为基础对共同体的具体形态作出了历史阶段性的划分，牢牢抓住了生产力和生产关系对共同体形态的决定性作用；马克思对共同体的规范性理解体现在他抓住了共同体的本质性价值。只有澄清马克思是在共同体的认知性与规范性两个维度上来理解和使用共同体概念的，才能够更清晰地理解马克思的共同体思想，以及更好地把握马克思为何在指出达到人类"真正的自由"的同时也要求完成"真正的共同体"。只有深入把握马克思对这两种维度的区别性理解，才能更好地促进马克思的共同体思想与政治哲学史当中的其他共同体思想之间展开更深层的对话。

一、共同体概念的一般特点和表达方式

对马克思的共同体思想的把握离不开对共同体概念的分析。因

此，要透彻理解其共同体思想，首先必须对其共同体概念作出清晰的认识。虽然马克思本人并没有为任何一般性共同体概念做出定义，但是为了更好地澄清马克思对于共同体概念的使用方法和理解方式，我们就有必要对共同体这个概念本身作出一般性的解释和说明。如此，我们就可以对马克思在何种层面上来使用共同体概念以及如何对共同体概念进行理解和表述等方面作出分析，并将之与其他思想家的共同体思想进行比较，进而更好地对这一概念在马克思政治哲学当中的运用进行恰当的理解和更加深入的思考。

（一）共同体概念的一般特点

要对共同体下一个清晰明确的定义并不容易，"它是政治理论中使用十分普遍、然而又欠缺明确的术语之一"[1]。正如霍布斯鲍姆所说："'共同体'这个词从来没有像过去几十年这样被含糊而空洞地使用。"[2]可以肯定的是，政治哲学史中的共同体概念所涉及的内容并不完全一致，每一位思想家都有其关于共同体的独特论点。比如，柏拉图、亚里士多德等人的城邦共同体与霍布斯、洛克的契约国家完全是不同形态的共同体，这两种共同体在性质上也存在区别；康德的"自由国家的联盟"显然与费尔巴哈"感性—对象性"原则下的共同体是不同层面上的共同体。因此当我们想要论述与共同体有关的问题时，就必须将这些复杂的、多样的论题聚合在一起，对其加以梳理，才能够找到解读共同体问题的有效途径。

在西方政治哲学当中，共同体一词源于古希腊语"Koinonia"，有通过群体生活共同追求公共善之意。滕尼斯在德语中将小范围的

---

① 〔英〕戴维·米勒：《布莱克维尔政治思想百科全书》，邓正来译，中国政法大学出版社 2011 年版，第 101—102 页。

② E. Hobsbawm, *The Age of Extremes*: *The Short Twentieth Century 1914-1991*, Michael Joseph, 1994, p.428.

共同体称为"Gemeinschaft",将大范围的共同体称为"Gesell-schaft"。此外,还有"Gemeinde"和"Gemeinschaft"的区分方式:前者是指对土地以及对该土地拥有平等权利的公民整体,它与英语当中的 Community 同义;后者指的是某一特定地区人际关系的性质,这种更加宽泛意义上的共同体概念超越了地域性的局限,使得人际关系的适当性质成为界定共同体的主要标准。因此,无论是共同的生活地域、伦理系统还是利益基础,都不仅仅是局限在一种Gemeinde 意义上的地域性的狭义概念,而是在讨论地域性、血缘性等等狭义上的共同体概念的同时,将之扩展至 Gemeinschaft 的关系领域,使之成为一种在广义上更具有一般性的概念。共同体被放置于社会关系网络之中。它"不仅仅是一个地点或者小规模的人口聚集,而是一种关系模式"①。作为关系模式的共同体,蕴含着特定的伦理价值和道德意义。基于此,共同体的概念的指称就具有多层次性和多样性。杰拉德·德兰蒂(Gerard Delanty)说:"共同体一直建立在种族、宗教、阶级或政治的基础之上。他们在形态上或大或小;维系它们的附属关系或薄或厚;它们的基础或者是某个地方或者是全球性的;它们与现存秩序之间的关系或积极或颠覆;它们也许是传统的,也许是现代的,甚至是后现代的;它们也许是趋于反动的,也许是趋于进步的。"②正是认识到了这一点,科林·贝尔(Colin Bell)和霍华德·纽贝(Howard Newby)才指出:"从来没有一种关于共同体的理论,甚至是连一种能够令人满意的关于共同体的定义都是不存在的……但是什么是共同体呢?……其中有一个共

---

①Craig Calhoun, "Community Without Propinquity Revisited: Communications Technology and the Transformation of the Urban Public Sphere", *Sociological Inquiry*, Vol.68, No.3, p.381.

②Gerard Delanty, Community, Routledge, 2003, p.2.

同的因素就是人!"①从这个意义上来说,共同体概念就是一种用来区分人的个体性存在方式与人的群体性存在方式的集合体概念。概括地说,共同体概念所表现出来的一般特点就在于其强调作为人的集合体,特别是集合体内部的个人与个人之间表现出来的共同拥有的关系模式和交往内容。如果要说某种人的集合体的存在方式是共同体的,那么这个集合体必须要满足一个条件——在该集合体当中,必然存在一种共有的关系模式将其内部成员紧密地联系在一起,这种关系模式可以是血缘的,可以是地缘的,可以是伦理的,也可以是宗教的,当然也可以是政治的、文化的,或者是经济的,抑或是更为复杂且混合的关系等等。这意味着,共同体成员之间存在的关系模式是共同性的支撑,因而决定了该种共同体本身是否稳定。从个人与共同体关系来看,作为拥有主观能动性和具有发展潜能的个人,具有能够对其所在的共同体的内部的关系模式进行塑造、发展、改变和消灭的能力,构成了共同体模式是否稳定的关键性因素。从以上分析可见,虽然关于共同体的定义始终没有一个统一性的结论,但是,共同体概念必然论及其内部成员间的关系模式,这实际上是共同体概念所具有的一般特点。

(二) 共同体概念的表达方式

根据共同体概念的一般特点,共同体一词可以用来表达和区分人的个体性存在方式与人的群体性存在方式,由于其表述的内容依托于其内部成员之间的共同性关系模式,因此,共同体内部关系模式的进化和演变就促成了共同体本身的进化和演变。

然而,同样作为理解人与人之间的交互关系的"社会"概念与"共同体"概念之间具有何种关联呢?对此,经典社会学理论家滕

---

① 李义天:《共同与政治团结》,社会科学文献出版社 2011 年版,第 3 页。

尼斯给出了一种解释。在滕尼斯的《共同体与社会》中，他指出，共同体是自然形成的，是凭借"自然感情"紧密联系起来的"交往有机体"。同时，共同体还是"整体本位"的。相反，社会则是"非自然形成"的，是暂时和表面的共同生活，并且它是"个人本位"的。在滕尼斯看来，相比于社会的要整合范围来说，共同体要小得多。相比于共同体的古老和传统，社会则是现代的。滕尼斯与马克思的不同在于，马克思并不仅仅把小范围的集合体视为是共同体，还把政治国家等大的集合体都视为共同体，而滕尼斯只是将共同体严格地控制在小范围的"共同的生活地域"里。滕尼斯也不同于哈耶克，哈耶克认为公民社会（即滕尼斯所讲的社会）是自然形成的，滕尼斯则是以人的本质意志和选择意志出发来划分共同体与社会的，他的立足点并不是客观存在的关系模式，而是主观的个人意志。因此，滕尼斯并不是在一种"关系模式"的意义上来运用共同体概念的。按照克雷格·卡尔霍恩（Craig Calhoun）等人的看法，如果从关系模式的角度出发来区分共同体与社会这两种概念，共同体概念必然诉求"共同性的关系模式"，而社会本身就是"人的关系的总和"。按照这个逻辑，若要明确共同体所要表达的对象和内容，就必须要对那种能够代表和指称它内部成员之间的关系模式做出提炼。但是，社会概念则对关系模式没有诉求，或者说社会的概念本身就是人的特有的存在方式的代名词。换言之，当我们单独使用社会这个概念时，其一定是对最为一般性的人类整体的存在方式的指称。而当我们单独使用共同体这个概念时，我们则无法判断我们想要指称的具体内容是什么，我们仅仅能够通过共同体这个词了解到，它在诉说着由某种共同性关系模式聚合起来的人的集合体。原因在于，共同性的关系模式才是构成共同体的核心原则和决定性因素。在这个意义上说，社会是更加抽象的概念和表达方式。具体表现为，社会概念可以作为一般性的人类整体的存在方式来加以理解。但是共同体这个概念并非如此。只有当强调人类作为一个整体而存在，并且作为整体其内部已然产生某种能够使之联为一体的关系模式时，才能够将人类整体视为一种具有某种关系模式的集合体而纳入到"人类共同体"的概念之下加以理解。因此，共同体概念特别强调了其内部成员之间形成的具体的交互关系和交往形式，亦即其内部人与人之间的关系模式。而社会则可以代指人类整体的生存状态，正如马克思所说，"人的本质是一切社会关系的总和"。

因此，当我们说"原始社会"、"史前社会"这些概念时，我们是在指涉那一段时期的人类社会的整体生存状态、整体的生活面貌等；而当我们说"原始的共同体"、"史前的共同体"时，我们则直接在脑海中反映成具体的某个原始的"部落共同体"形式，亦即拥有部落式的关系模式的集合体。以下面两句话的表述来简单说明社会与共同体的概念区分：

①在原始社会里，人们都生活在部落共同体中。

②在部落共同体中，人们都生活在原始社会里。

当社会和共同体这两个概念同时出现在一个句子当中时，无论其二者在句子中的先后顺序如何变化，其概念所各自指涉的内容和意涵是没有改变的。原始社会就是指原始时期的作为人类整体的存在方式和存在状态，而部落共同体则特指那一阶段人们所赖以生存的关系模式和具体关系下的集合体形式。由此，社会概念所指涉的内容就比共同体概念更加宽泛。

此外，不能用"人类共同体"代替"人类社会"进行概念表述，或者更严格地说，"人类共同体"的概念无法完全替代"人类社会"的概念，最多只能替代其在部分语境下的使用。下面这句表述可以用来说明这一点：

a. 原始人生活在原始的人类社会当中＝b. 原始人生活在原始的人类共同体当中。

当我们单独来看等式的左侧 a 时，"原始的人类社会"既可以理解为人类整体的原始生存状态、生活方式以及原始人类聚居起来的生活面貌等，也可以理解为原始人生存其中的原始关系模式。但是当句型 A 的等式出现时，在 a=b 时，原始的人类社会就一定指涉的是原始人的集合体及其关系模式，亦即原始的部落共同体形式，而不是一种原始的生活状态和生活方式。因此在等式中，是 b 限定了 a，而不是 a 限定了 b。那么再来单独观察 b 当中的"人类共同体"的使用，就会发现他必须要在这个语境当中才有意义，这个意义是句子中的"原始人生活"和"原始的"赋予的。当我们一定要在特定的人类社会中讨论"人类共同体"时，"人类共同体"是不能完全替代"人类社会"这个更加宽泛意义上的概念的，而只能是在部分语境下对其进行替代，即在具体语境中，当"人类社会"所要表达某种具体的关系模式这一层意思时。

一般认为，只要出现能够代表人类文明活动的现象，那么"人类社会"的概念就伴随而生了。但是"人类共同体"则不然。由于构成"人类共同体"这个概念的核心内容就是强调人类作为一个整体在产生共同性的关系模式后形成的集合体形式，因此对"人类共同体"概念的单独使用（不是放在具体的语境之下，而是作为一个单独的概念）就有了更加严格的内涵限制："人类共同体"内部必须要存在将全体"人类"都紧密联系起来的关系模式。虽然在人类社会的初始阶段，各地区的人们能够纷纷聚集起来在一定空间范围之内产生各自相互之间的某种共同性的关系模式，但是这一时期世界各地的人们都是小规模聚集在一起并散布于世界各地的，他们没有形成一种作为人类整体的具有共同性的关系模式和关联条件。在原始人类社会的形成阶段，我们很难想象一个住在美国阿拉斯加的原住民与住在中国青藏高原的原住民会产生何种共同性的关系，他们也无法获取共同性的关系模式。因此，在上述我们界定的共同体概念的一般特点之下，我们就不能将作为原始阶段的人类整体生存状态的人类社会称为一种作为整体的具有共同性关系模式的人类共同体。当然，这只是一个例子，更加严格的人的自然属性以及原始的人种关系问题则不是我们这里要讨论的内容。

综上所述，共同体的概念必然依托于共同性的关系模式。在广义上，它是指由共同性的关系模式构成的人的集合体；在狭义上，它要表达的是以特定的关系模式做出具体指称的人的集合体形式和类型。与之不同是，社会的概念可以完全抛开关系模式，而仅仅作为一种宽泛的对于人类整体的存在方式和生存状态的表述。

二、马克思对共同体的抽象表述与具体指称

正如王新生教授指出的，当我们理解马克思的政治哲学概念时，"我们不能仅仅拘泥于马克思的用词本身，而是着眼于其词语所表达的涵义和词语与其整个理论的有机联系"[①]。

结合共同体概念的一般特点和表达方式，对马克思涉及共同体概念的相关文献进行梳理，大体上可以从广义和狭义两个层面对马克思的共同体概念进行分析。从马克思的唯物史观出发，构成共同体的共同性关系模式就是人的"生产实践关系"。因此，马克思的共同体概念就是以人的生产实践关系为基础的人的集合体。根据生

[①]王新生：《现代市民社会概念的形成》，载《南开学报》，2000年第3期，第27页。

产实践关系的发展阶段和表现形式的不同，不同生产实践关系下的共同体形式和类型就有所不同。在早期的人类社会当中，由于各种程度和各个层面上的社会分工和社会生产都处于原始状态，虽然出现了许多大小不一的共同体形式，但是，所有出现和形成的生产实践关系都是地方性的、局限性的、局部性的、小规模的，因此在马克思看来，原始的共同体（即马克思所说的自然的共同体）就必然具有地方性、局限性、局部性和小规模等特点。

那么，按照上述理解，生产力和生产关系的发展水平，就决定了与其相对应的共同体的发展水平和发展规模，同时也决定了其在相应历史阶段中表现出来的历史状态。生产力越是发展，共同体的规模就越壮大；生产关系越是多样化，诸种共同体之间所表现出的形式就越是复杂和多样。由于生产力的发展导致了人们之间产生了更加多样的和复杂的关系模式，那么也就随之产生了复杂而多样化的共同体形式。在人类整体生产力水平的发展过程当中，人类的共同体形式就表现得大小不一、良莠不齐，因此也就伴随着产生了互相包含与被包含的共同体，也产生了相互矛盾对立的共同体。当然，也存在一些在初始阶段互不相关的共同体，随着生产力的发展和物质资源竞争的集聚，彼此之间又产生联系，进而构成更大规模的共同体。但是，一种必然的现象是，随着生产力的不断发展，个人与个人之间、各种规模和形式的共同体之间产生了越来越广泛的生产实践联系。当所有人之间都通过生产力、生产关系以及人类社会实践的发展联系在一起的时候，那么基于联结人类整体的生产实践关系所形成的共同体也就产生了。

依据于马克思共同体概念的意义和特点，当马克思在广义的层面上使用共同体概念时，它就是在对一般意义上的以人的生产实践关系为基础形成的人的集合体做出抽象表述；当马克思在一种狭义上论述共同体时，他则是在对具体的、特定的生产实践关系下的共同体形式做出具体指称。只有从这两个层面出发，才能够对马克思的共同体概念作出总体的概括和分析。

（一）广义的共同体概念：对共同体概念的抽象表述

一般的共同体概念在广义上可以用来指涉一切具有共同性关系模式的人的集合体。根据马克思的唯物史观，马克思的共同体概念在广义上就是以人的生产实践关系为基础构成的集合体，其凸显了生产力和生产关系对于共同体的决定性作用。这就意味着，在马克思的共同体思想当中，一种广义的共同体概念可以用来对任何历史阶段和生产条件下的共同体形式加以表述，因为马克思所使用的广义的共同体概念只是在表述特定的生产实践关系下的集合体所具有的共同性，而不是在指称具体的哪种生产实践关系下的哪种集合体类型。具体来讲，当马克思在一种广义上来使用共同体概念时，他并没有对其在使用该概念时所指称的具体的集合体形式做出具体指称，而只是对那些具有生产实践关系的集合体的一种抽象表述。

比如说，当马克思指出："共同体以主体与其生产条件有着一定的客观统一为前提的，或者说，主体的一定的存在以作为生产条件的共同体本身为前提的所有一切形式（它们或多或少是自然形成的，但同时也都是历史过程的结果），必然地只和有限的而且是原则上有限的生产力的发展相适应"[①]，他没有具体指涉这个"共同体"是哪种具体形式或类型的共同体，而是从一个最为一般的意义上来论述共同体，并且借以指出作为主体的个人与生产力发展之间的关系。再比如，马克思还这样表述道："共同体是实体，而个人则只不过是实体的偶然因素，或者是实体的纯粹自然形成的组成部

[①]《马克思恩格斯文集》（第8卷），人民出版社2009年版，第148页。

分。"①在这种表述当中，马克思仅仅是在论述一种个人与共同体之间的关系问题，而不是在指涉具体的某种共同体类型。还有像"只有在共同体中，个人才能获得全面发展其才能的手段，也就是说，只有在共同体中才可能有个人自由"②等类似的表述都是如此。可以看出，马克思经常在一种广义的层面上来使用共同体概念。当他这样使用共同体概念时，他仅仅是在表述或列举一些与共同体的性质相关的问题。

马克思还结合具体的语境运用广义的共同体概念。比如，当马克思在《政治经济学批判 1857—1858 年手稿》中谈论到共同体概念时，他是这样说的："土地是共同体的财产，而且是在劳动中生产并再生产自身的共同体的财产。每一个单个的人，只有作为这个共同体的成员，才能把自己看成所有者或占有者。"③由于这句话出现在论述亚细亚的所有制形式下的部落共同体的语境之下，所以这里的共同体一词所表述的就是"部落共同体"。但是紧接着，马克思又说道："〔日耳曼〕的公社本身，一方面，作为语言、血统等等的共同体，是个人所有者存在的前提……它是被每一个个人所有者的身份来使用，而不是以国家代表的身份（像在罗马那样）来使用的。"④这里再次出现了共同体这一概念，更加明显地表明了，这里所说的共同体指涉的就是所谓的日耳曼所有制形式下的"公社"，并且马克思还特别强调了不是像罗马那样的"国家"。

类似的例子还有很多，比如："某一个共同体，在它把生产的自然条件——土地（如果我们立即来考察定居的民族）——当做自己的东西来对待时，会碰到的唯一障碍，就是业已把这些条件当做

①《马克思恩格斯文集》（第 8 卷），人民出版社 2009 年版，第 126 页。
②《马克思恩格斯文集》（第 1 卷），人民出版社 2009 年版，第 199 页。
③《马克思恩格斯文集》（第 8 卷），人民出版社 2009 年版，第 124 页。
④《马克思恩格斯文集》（第 8 卷），人民出版社 2009 年版，第 133—134 页。

自己的无机体而加以占据的另一共同体。"①在这里，马克思虽然单独使用共同体的概念，但是通过语境我们可以看出，马克思是在论述一种自然形成的以"土地"为生产实践关系的基础所涉及的共同体形式而绝非在论述一种宗教的或者是伦理的共同体。

因此当在广义上使用共同体概念时，就是将其作为一种对共同体概念的抽象表述。针对这类共同体概念，必须要结合马克思的具体语境才能够把握他到底是在论述共同体的性质问题，还是在指涉共同体的发展阶段，抑或是在论述与共同体相关的具体问题。这种广义的用法遍布在马克思的文献当中，如果不能将其有效地分辨出来，就不可避免地对我们理解马克思的共同体思想带来困扰。

长期以来，很多研究学者拘泥于对单独出现于马克思文本中的共同体语词的孤立性认知，忽视了对其他具备共同体性质的概念的考察。实际上许多具有共同体意义的概念和相关论述都体现了马克思共同体思想的重要内容，但是由于研究者们拘泥于对共同体这个概念的语词表述，而放弃了对涉及马克思共同体概念的其他重要的相关概念的思考。与之相关的一个问题是，当马克思在狭义上使用共同体概念时，很多研究者并没有将其与广义上使用的共同体概念分开看待，他们很轻易地就将广义和狭义两种层面的共同体概念混淆在一起来研究，进而造成了许多对马克思共同体思想的误解。必须注意的是：当马克思在使用广义的共同体概念时，他会将其放入到特定的语境当中与其他一些具有共同体性质的概念进行替换使用，或者是将二者进行交替使用——这些相关概念包括家庭、民族、宗教、社会、国家、市民社会以及共产主义等。在这种意义上说，马克思的广义的共同体概念又内分为一种对共同体概念的狭义用法。

---

① 《马克思恩格斯文集》（第 8 卷），人民出版社 2009 年版，第 141 页。

（二）狭义的共同体概念：对共同体类型的具体指称

除了对共同体概念在广义上进行使用，马克思的文本当中还有大量共同体概念的狭义用法。不同于广义上的用法，狭义的共同体概念具有其特定的内容指向性，用来表述特定的生产实践关系下的具体的共同体形式。总的来说，当马克思在一种狭义层面上来使用共同体概念时，他已经对其所指称的共同体形式所处的具体的、特定的生产实践关系作出了严格划定。

比如，马克思说："完成了的政治国家，按其本质来说，是人的同自己物质生活相对立的类生活。这种利己的生活的一切前提愿需存在于国家范围以外，存在于市民社会之中，然而是作为市民社会的特性存的。在政治国家真正形成的地方，人……都过着双重的生活——天国的生活和尘世的生活。前一种是政治共同体的生活，在这个共同体中，人把自己看作社会存在物；后一种是市民社会的生活，在这个社会中，人作为私人进行活动，把他人看作工具，把自己也降为工具，并成为异己力量的玩物。"①

在这里，马克思直接把政治国家指称为"政治共同体"，同时以一种并列的逻辑提出了"市民社会"。"政治国家"在本质上是一种人"同自己物质生活相对立"的"类生活"。这里面连续出现的几个具有共同体性质的概念有：政治国家、类生活、市民社会以及政治共同体。显然，这里的共同体概念是在一种狭义的层面上来使用和表达的。从这段表述中，我们可以清楚地理解到"政治共同体"的内容，它指涉了一种异己的"类生活"，并且与"市民社会"并列存在于现实的生活之内。根据唯物史观，这种"政治共同体"就是在资本主义的生产实践关系之下，在资本主义阶级社会中出现的一种共同体形式。

①《马克思恩格斯文集》（第1卷），人民出版社2009年版，第29页。

再比如，马克思还这样说："现代国家承认人权和古代国家承认奴隶制具有同样的意义。就是说，正如古代国家的自然基础是奴隶制一样，现代国家的自然基础是市民社会以及市民社会中的人……民主代议制国家和市民社会的对立是社会共同体和奴隶制的典型对立的完成……在这里，法代替了特权……只有在这里，才存在着完备的现代国家。"①这里出现的"社会共同体"概念也是一种狭义上的共同体概念，它以类比的形式，用来指涉在现代国家与市民社会的分离过程中所产生的新型的共同体形式。马克思想要说明的是，生产力发展推动了人类社会进化，在这个过程中产生了一种现代意义上的"奴隶制"——资本与金钱的奴役状态。

不同于"政治共同体""社会共同体"等较为鲜明的狭义用法，"自然的共同体""虚幻的共同体"和"真正的共同体"这类表达方式也属于马克思共同体概念的狭义用法。这些概念不但是马克思共同体思想的特有表达方式，也同时是马克思对人的生产实践关系进行历史划分的标志。当马克思论及自然的共同体时，他实际上是以之概括资产阶级社会出现之前的生产关系所导致的各种共同体形式，如氏族、部落、家庭、公社等等。当马克思讨论虚幻的共同体时，他主要是在概括由于社会分工的复杂化所出现的政治国家，以及进一步分离所产生的市民社会，而其中最为典型和完备的概念表述就是资本主义社会。当马克思论述真正的共同体时，则意指一种未来人类社会生产条件下出现的共同体形式，其内容包括了共产主义社会、自由人的联合体等等。从"自然"到"虚幻"再到"真正"的共同体形式的发展和变化是人类社会的生产实践不断进步和发展的结果。之所以说这三个概念也是以一种狭义的方式为马克思所使用的，是因为这三种共同体概念归根到底关联于与他们自身相

---

① 《马克思恩格斯文集》（第 1 卷），人民出版社 2009 年版，第 316—317 页。

对应的具体的历史时期和历史阶段上所出现的特定的生产实践关系，并且涵盖了依据于其背后的生产实践关系所表现出来的具体的共同体类型。

总之，有效辨别出狭义的共同体概念有助于我们更好地理解马克思对具体的社会现实做出的反思和批判。

三、马克思对共同体的两种理解：形态与价值

马克思在其文章和著作中基于广义和狭义两个层面来使用共同体这一概念，这对于我们清晰地把握马克思的共同体含义是有益的，但是还不足以让我们窥探到马克思共同体思想的复杂性和真谛。马克思不仅在涉及共同体概念的相关论述中使用了大量的相关性概念和表达方式（包括了市民社会、社会、国家、类生活等等），而且其共同体思想还内含着认知性维度和规范性维度这两种维度，这是马克思的共同体思想区别于政治哲学史上其他共同体思想的关键。

根据王新生教授的观点，正因为马克思是"在规范性理论与认知理论相结合的基础上讨论问题的……才能跳出封闭的理性主义立场"[1]。一方面，从认知性维度来看，在马克思的文献中，其所述的共同体及其相关概念存在于亚里士多德的城邦共同体、契约论者霍布斯、洛克等人的国家，以及康德的自由国家的联盟等概念性质相似的概念表达中，指涉那些具体的共同体类型及其构成形态；另一方面，从规范性的维度看，当马克思强调真正的共同体的价值时，其表述则与经典社会学理论家涂尔干、滕尼斯等人将共同体与

---

[1] 王新生：《马克思政治哲学研究》，科学出版社 2018 年版，第 176 页。

自由等政治哲学价值相比较的论述形式类似，阐释了共同体本身所具有的伦理维度和价值要素。以上两个维度正是马克思共同体概念的独特之处。只有澄清要在形态与价值两个维度上来理解和使用马克思的共同体概念，才能够更清晰地理解其共同体思想，以及更好地把握马克思为何在提出实现人类"真正的自由"的同时也要求实现"真正的共同体"。只有深入把握马克思对这两种维度的区别性理解，才能更好地促进马克思的共同体思想与政治哲学史当中的其他共同体思想之间展开更深层的对话。

（一）认知性维度：共同体的形态

认知性维度体现在，马克思以其唯物史观为基础对共同体的具体形态作出历史阶段性划分，它牢牢抓住了生产力和生产关系与人类历史上诸种共同体形式之间的内在联系。

共同体的具体形态就是共同体在社会历史当中依据特定的生产实践关系所表现出来的具体结构、内容和形式。在这种意义上说，政治哲学史中从不缺乏对各种共同体的具体形态的描述。在亚里士多德那里，家庭就是一种小规模的共同体形态，而城邦则是包容了家庭和村庄等小规模共同体在内的至高无上的大规模共同体。在契约论传统的国家观念中，国家就是一种具体形态的共同体。对作为国家形态的共同体最典型的描述出现在霍布斯与洛克的国家观中。霍布斯指出："把大家所有的权力和力量托付给某一个人或一个能通过多数的意见把大家的意志化为一个意志的多人组成的集体。"①而这个"集体"显然就是霍布斯眼中的"主权国家"。洛克则更为明确地把国家和共同体联结在一起，他这样表述："任何人放弃其自然自由并受制于公民社会的种种限制的唯一的方法，是同其他人

---

① 〔英〕霍布斯：《利维坦》，黎思复等译，商务印书馆1985年版，第132页。

协议联合组成一个共同体……当某些人这样地同意建立一个共同体或政府时，他们因此就立刻结合起来并组成一个国家。"①虽然霍布斯与洛克在国家形成的人性基础上持有完全不同的见解，并且他们关于公共权力的限度的理解不同，但是他们都承认国家是一种摆脱自然状态的共同体形态。与霍布斯、洛克不同，康德在一定意义上描绘了一种未来的共同体形态，即"自由国家的联盟"。康德强调在这种联盟中，不同的国家服从于共同的约定和立法，并在共同的权威领导下执行这些立法，从而产生一种公民共同体，其目的是促进人类在原则上逐步达到更大的一致性。

因此，政治哲学家们关于共同体的具体形态的探讨和描述基本上可以概括为这样一些认知性问题：人们是否生活在某种特定的共同体形态之下？以及现实的人类生活环境是何种程度的具体的共同体形态？

在马克思那里，共同体形态要追溯到对原始社会的生产实践关系及其历史状态的描绘，如部落共同体、原始的家庭共同体等。在这个意义上，马克思的共同体思想既有对"政治国家"这一共同体形态的解读，又有对"市民社会"形态的剖析，还有着对未来共同体形态——"自由人的联合体"的设想。经过对"自然的共同体""虚幻的共同体"和"真正的共同体"之间历史性发展关系的揭示，马克思既否定民族国家形态的政治共同体是人类共同体的终极结果，也否定契约论传统所认为的世界各民族的联合共同体形态为一种共同体未来发展的终极趋势。他从实现人的全面自由发展的角度出发，将"真正的共同体"视为是人回归人的类本质的必然要求。不同于黑格尔等人从人的一般抽象本质出发来考察社会历史的发

---

① 〔英〕洛克：《政府论》（下篇），叶启芳等译，商务印书馆1996年版，第59—60页。

展，马克思从现实的人和物质基础出发，推导出社会历史发展的根据和现实基础。因此，现实的具体的共同体形态是以其现实的所有制形式为基础的。

首先，马克思认为，政治国家是在当下既有的生产实践关系之上产生的共同体形态。对此，可以直接从下面这段关于人权的论述当中找到依据，"人权只是与别人共同行使的权利。这种权利就是参加共同体，确切地说，就是参加政治共同体，参加国家。"①在关于市民社会的论述当中，虽然马克思没有直接像描述"国家"为"政治共同体"那样将市民社会命名为某种共同体，但是马克思却一直将市民社会与国家并列起来进行论述，比如，马克思指出，与古代国家中政治国家就等同于国家不同，"现代的国家则是政治国家和非政治国家的相互适应。"②而其表现就在于："完成了政治生活同市民社会分离的过程。"③此外，马克思还指出："现代的'公共状况'的基础、发达的现代国家的基础……是废除和取消了特权的社会，是使在政治上仍被特权束缚的生活要素获得自由的发达的市民社会。"④在论述什么是政治共同体和市民社会相区别的两种生活时，他还这样指出，在政治共同体的生活中，"人把自己看作社会存在物"，而在市民社会的生活中，人既是自己也同时是他人的"工具"，是"异己力量的玩物"。无论是政治国家还是市民社会，都是马克思所要批判的对象。因此，除了这两种共同体之外，马克思还对一种未来的共同体形态做出了描绘，他认为这种未来的共同体是一种崭新的联合体，它能够"代替那存在着阶级和阶级对立的资产阶级旧社会……在那里，每个人的自由发展是一切人的自由发

---

① 《马克思恩格斯文集》（第1卷），人民出版社2009年版，第39页。
② 《马克思恩格斯全集》（第1卷），人民出版社1956年版，第283页。
③ 《马克思恩格斯全集》（第1卷），人民出版社1956年版，第344页。
④ 《马克思恩格斯文集》（第1卷），人民出版社2009年版，第316页。

展的条件"①。

毫无疑问，上述论及的政治国家、市民社会与未来的真正的共同体，都是基于历史唯物主义的认知性维度对共同体的具体形态（或者说是不同共同体形态的不同阶段）展开的探讨。进一步来说，在马克思这里三种共同体形态是不同的：第一，政治国家作为共同体的一种旧有形态，其特征是对权利以及权利的行使的尊重，进而形成社会；第二，市民社会作为共同体的一种形态，其特征是取消特权及实现公共空间的自由；第三，"真正的共同体"作为共同体的未来形态，其不仅保证了市民社会中狭隘的自由，还能够使人在其中实现每个人的自由发展。

（二）规范性维度：共同体的价值

除了从认知性维度对共同体的具体形态加以描述和探讨之外，马克思还对共同体进行了价值层面的论述。虽然马克思没有直接言明他所论述的相关内容是属于共同体的规范性维度的东西，但是我们可以通过对马克思所描述的人的自由的实现等表达的细致分析，分辨出那些与他在论述共同体的认知性维度时的不同表达方式，从而表明其共同体思想具有规范性价值意蕴。

关于对共同体价值的规范性思考主要表现在：马克思在很多地方谈论到人必须要在共同体内部实现自身，人的本质和共同体的本质是一致的，以及个人与共同体的价值统一性等，并以此来证明共同体本身对人的价值的自我实现而言是必要的。在马克思看来，过去的各个历史时期下的共同体形式都存在着各种各样的问题，但是人对共同体本身的需要却是不变的。共同体作为人的生存状态和存在场域，一直伴随着人的自我实现和追寻自由之路。按照马克思对

①《马克思恩格斯选集》（第 1 卷），人民出版社 1995 年版，第 294 页。

共同体价值的理解，最终人类仍然要诉诸共同体的生活方式。那么，共同体的价值就应当是一种内在于人类本质之中的价值，同时，共同体的价值诉求也应当与人的本质的自我实现诉求相一致，更应当与人的自由相统一。对于理想共同体生活的向往和追求不能因为历史各个阶段的共同体的"虚假性"和不完备性而放弃。

对此他一再强调的是："人的本质是人的真正的共同体。"①当马克思将人的本质与共同体联结起来时，显然不是在讨论某种形态的共同体，而是在论述一种关于内在于人的本质性价值。正如马克思在论述自由时一样，如果说在"自由是全部精神存在的类的本质"中，自由被指涉为人的类本质的话，那么在"人的本质是人的真正的共同体"这一命题中，共同体便指称那些能与自由相一致的人的本质性价值。在这个意义上，马克思不是在论述共同体的具体形态，而是将共同体作为一种与自由相一致的价值来进行表述。他说："共同体是实体，而个人则只不过是实体的偶然因素，或者是实体的纯粹自然形成的组成部分。"②马克思在《1844年经济学哲学手稿》中关于共产主义的说明实际上就是从规范性维度上来论述的："共产主义……作为完成了的自然主义，等于人道主义，而作为完成了的人道主义，等于自然主义，它是人和自然界之间、人和人之间的矛盾的真正解决，是保存和本质、对象化和自我确证、自由和必然、个体和类之间的斗争的真正解决。"③在共产主义之下，人能够实现向自身的真正复归，这是通过"对人的本质的真正占有"实现的。这种复归的完成必然包括了人对自由的复归，更为重要的是，这也是人向真正的共同体的复归。

---

① 《马克思恩格斯全集》（第3卷），人民出版社2002年版，第394页。

② 《马克思恩格斯文集》（第8卷），人民出版社2009年版，第126页。

③ 《马克思恩格斯文集》（第1卷），人民出版社2009年版，第185—186页。

由此可见，当马克思在使用共同体来说明其与人的本质之间、与自由之间的关系时，他绝非仅仅在论述某种具体形态的共同体，而是将共同体本身作为一种与自由相协调、内在于人的本质之中的价值。马克思认为，人是社会关系的总和，而以社会关系来定义人的属性这本身就是将人放置于人与人之间的关系模式中，亦即放入到共同体中来对人的本质加以认识。在马克思这里，似乎只有将共同体的价值纳入到人的本质价值当中来进行理解，这类表述才是更恰当的。

遗憾的是，马克思的洞见并未引起学界的足够重视。比如，当社会理论家鲍曼在指出"'共同体'成了失去的天堂——但它又是一个我们热切希望重归其中的天堂，因而我们在狂热地寻找着可以把我们带到那一天堂的道路——的别名"①时，他只是将共同体视为一种生存空间，而没有把共同体视为内在于人的本质性价值。除此之外，以往的政治哲学家们或是将共同体的具体形态完全等同于人的物理生存空间；或是把共同体的价值视为外在于人自身价值的附属品。而到了经典社会理论家这里，诸如韦伯等人，他们虽然区别了共同体的具体形态和共同体的价值，但却认为共同体的价值与自由的价值是矛盾的。如果按照马克思对共同体的认知性和规范性两种维度的把握，而不只是在考察共同体的外在形态，或者不是仅仅将共同体视为一种价值而非特定历史时期内的表现形式，那么关于共同体概念的混淆使用和诸多由于共同体概念的争议性表述所引发的共同体理论的矛盾问题，就能够在某种程度上获得恰当的解决。

当马克思说共产主义就是"人以一种全面的方式，也就是说，

---

① 〔波〕鲍曼：《共同体》，欧阳景根译，江苏人民出版社 2003 年版，第 4—5 页。

作为一个完整的人，占有自己的全面的本质"[1]，当他提到共产主义"是从各个真正的个人的观点出发的，那个离开了个人就会引起他反抗的共同体才是人的真正的共同体，是人的实质"[2]，他显然不仅从一种认知性的维度来讨论共同体，也不仅欲求一种理想的共同体形态来适应人对自由发展的需要，在这些情况下，马克思实际上是从规范性的价值出发，认为实现真正的共同体本身就是实现人的价值的一部分，将共同体视为一种内在于人的本质的价值。同样，对共同体的内在价值进行探讨，其意在表明共同体是一种由人的本质出发内在于人的本质之中的价值存在。可以说，在马克思那里，真正的共同体是以人的本质追求为基础的，是随着人的本质的实现而逐渐形成的，并且这种本质是根植于人的根本需求和共同生活愿望的。尽管在许多社会学家们看来，共同体与个人的价值是相冲突的，但是依照马克思的共同体思想就会发现，个人对于自由价值的追求所表现出来的理想与现实之间的矛盾其实仅仅是现阶段的生产条件及其所有制形式的冲突，这种冲突是现阶段的共同体形态缺少实现人的真正自由的物质基础和现实条件导致的，但是这并非是共同体的价值与人的自由的冲突。

---

[1]《马克思恩格斯文集》（第 1 卷），人民出版社 2009 年版，第 189 页。

[2]《马克思恩格斯选集》（第 1 卷），人民出版社 1995 年版，第 488 页。

第四章
马克思共同体思想的形成过程与核心内容

可以看到，直到费尔巴哈为止，个人与共同体之间的关系问题仍然是政治哲学家们在探究共同体思想时需要思考的一个核心问题。这个核心问题也同样成为了马克思对共同体思想产生兴趣的开端。从这个问题出发，马克思开始对黑格尔共同体思想展开现实批判，也开启了对费尔巴哈关于人的思想的反思。可以说，马克思对个人与共同体之间关系问题展开的思考构成了其共同体思想的核心线索，对这一问题的进一步阐释促成了其共同体思想的核心内容，对这一问题的揭示和真正解决贯穿其共同体思想始终。由于马克思的共同体思想奠基于他的政治哲学，因此其共同体思想就必然融通于马克思的唯物史观和资本批判当中。在唯物史观的视域之下，马克思揭示了共同体形式的历史演进过程及其客观发展规律（由"自然共同体"至"真正的共同体"）；在资本批判的视域之下，马克思揭示了共同体的内在发展逻辑及其时代价值。此外，马克思共同体思想的内在统一性及其伦理意涵也在马克思对个人与共同体之间关系问题的解决过程中得以充分的表达。

一、马克思共同体思想的发端与理论萌芽

（一）博士论文时期的思想初涉

早在博士论文时期，马克思就产生了对个人与共同体关系问题的浓厚兴趣，这集中表现在马克思对伊壁鸠鲁"原子式"的个人偏离于共同体的"直线"运动的辩证批判之上。借由博士论文对伊壁鸠鲁的批判，对个人与共同体之间的关系问题的思考成为了马克思共同体思想的理论初涉。

在前文对马克思共同体思想的渊源论述中，从伊壁鸠鲁对政治、城邦的价值否认，可以看到伊壁鸠鲁所抱有的将个人独立于共同体之外从而获得自由的政治哲学观念。马克思在其博士论文当中注意到，伊壁鸠鲁的这种关于众多原子偏离直线运动的观点正是体现了每个人追求自由的可贵精神，但是他对于伊壁鸠鲁将个人自由与共同体的价值相分离的立场和态度却是不认可的。马克思找到了伊壁鸠鲁哲学的关键价值，即伊壁鸠鲁认为人应当面向人而非面向物，这一观点类似于马克思共同体思想当中的一个重要的价值判断：真正的共同体是个人价值的自我实现和全面复归。马克思在博士论文当中讲道："原子本身就是它们的唯一客体，它们只能自己和自己发生关系……而事实上，直接存在的个别性，只有当它同他物发生关系，而这个他物就是它本身时，才按照它的概念得到实现"[1]。因此"一个人，只有当他与之发生关系的他物不是一个不同于他的存在，相反，这个他物本身即使还不是精神，也是一个个

---

[1]《马克思恩格斯全集》（第1卷），人民出版社1995年版，第36—37页。

别的人时，这个人才不再是自然的产物。"①按照马克思的理解，人之所以"不再是自然的产物"，是因为人与人之间发生了社会关系。马克思并没有在博士论文期间就给出这种社会关系明确的定义，但是他在后来的思想演变和发展当中将之归结为人的生产实践关系。而这种将人从"自然"当中抽离出来的社会关系就成为了马克思用以界定和建构其共同体思想的核心观念。此外，由于伊壁鸠鲁并没有从形态与价值的双重维度对共同体概念进行考量，因此导致他对于共同体的价值认知是不全面的，这也是马克思始终对伊壁鸠鲁关于个人与共同体之间的关系判断持有批判性态度的重要原因。

不可否认的是，博士论文时期的马克思并没有对共同体问题进行系统的反思。并且当时的马克思还是一个青年黑格尔派的支持者，他对共同体的现实状态和人的现实处境的关注是不够的。这也就决定了这个时期的马克思对于个人与共同体之间的关系问题的认识也是不充分的。直到马克思接触了费尔巴哈哲学，他才开始获得关于人的本质的思想源泉，并以此来进一步理解现实的感性个人与抽象的理性个人之间的差别。马克思的哲学进路就体现在，他既反对把抽象的个别的自我意识作为绝对原则，也反对把抽象的普遍的自我意识作为绝对原则。这种对抽象的自我意识所保持的警惕就体现在，马克思始终强调，"要使作为人的人成为他自己的唯一现实的客体，他就必须在他自身中打破他的相对的定在"②。因此确定无疑的是，正是由于其在博士论文时期就已然敏锐地观察到了"自我意识"的相关问题，在其后接触到费尔巴哈关于人的思想之后，马克思的共同体思想才开始逐渐成长为《1844 年经济学哲学手稿》当中对个人与共同体关系问题的现实关怀。

---

① 《马克思恩格斯全集》（第 1 卷），人民出版社 1995 年版，第 37 页。
② 《马克思恩格斯全集》（第 1 卷），人民出版社 1995 年版，第 37 页。

（二）《莱茵报》时期的问题自觉

《莱茵报》时期的马克思开始逐渐自觉地表现出他对于共同体问题的注意。这种理论自觉广泛体现在马克思这一时期的文本当中。在《评部颁指令的指控》里，马克思提到："《莱茵报》从来没有偏爱某一特殊的国家形式。它所关心的是一个合乎伦理和理性的共同体；它认为，这样一种共同体的要求应该而且可以在任何国家形式下实现。"①在《关于〈莱茵报〉遭到查封的备忘录》中他再一次指明："该报所涉及的主要内容，是自由人应该成为国家原则那种意义上的民主。该报要求在国家中实现合乎理性和合乎伦理的共同体的那些条件。"②值得注意的是，马克思在这两次正面提到共同体概念时，都将其与理性和伦理的概念联系在一起，这显然是受到黑格尔的理性主义国家观的影响。由于这一时期的马克思开始不断加深对现实问题的关注，而当时的社会现实则正处于对基督教、政治国家、资本市场与个人自由等现实问题的一片论战之中，这就使得马克思在《莱茵报》上的撰稿内容大量地反映了当时的社会舆论状态。《科隆日报》作为当时普鲁士政权的官方刊物，甚至将矛头直接指向了以自由理性为核心主张来进行文稿撰写的《莱茵报》。作为官方立场的代表，《科隆日报》极力宣传现代国家就是基督教国家。马克思抓住这一点对《科隆日报》进行批判，提出了政治国家应当作为政治和法的理性实现。这一观点在后来逐渐演变，成为马克思对于政治国家与市民社会相分离的思想来源之一。此外马克思还提出了国家作为"最普遍的事物"的观点，并且在后来将这一观点演变为马克思论证真正共同体与个人之间的统一性关系的思想

---

① 《马克思恩格斯全集》（第 1 卷），人民出版社 1995 年版，第 426 页。
② 《马克思恩格斯全集》（第 1 卷），人民出版社 1995 年版，第 965 页。

源泉之一。

在《莱茵报》时期，马克思虽然还是一个青年黑格尔派的支持者，但是由于激烈的社会论战和残酷的社会现实所呈现出来的理论问题，马克思最终意识到他必须要展开更加深入的现实批判。这就在一定程度上预示着他即将开启对黑格尔法哲学的批判之路。而无论是现实的政治思想论争，还是对于黑格尔的法哲学的质疑，其理论指向都集中于对共同体问题的深入思考，这促使马克思必须对共同体问题作出正面剖析。也因为如此，《莱茵报》时期对于共同体问题的理论自觉成为马克思开始全面关切共同体问题的开端。

二、马克思共同体思想的基础问题及其形成过程

（一）对黑格尔"颠倒了的世界观"的批判

对黑格尔"颠倒了的世界观"的批判是马克思共同体思想首先要解决的基础问题。经过《莱茵报》阶段的理论自觉，黑格尔法哲学中存在的现实问题逐渐开始为马克思所发现。这就促使马克思进一步对黑格尔共同体理论的结论与社会现实之间存在的矛盾进行重新反思。在黑格尔那里，国家作为一种政治共同体能够上升为最高的伦理实体，从而实现人的自由。然而现实却是理性国家最终会沦为特殊利益者追逐和实现私利的工具。《法哲学原理》作为系统地阐述黑格尔的共同体思想的代表性作品，成为这一时期马克思批判的主要对象。而这种批判的根本观点就在于，马克思认为黑格尔的世界观是颠倒了的。由这一批判所引申出来的共同体的现实问题最终成为马克思开始建构他自身共同体思想的基础问题之一。

马克思并非是凭空地从一个青年黑格尔派倒向了一个黑格尔主

义的强烈批判者的。促使马克思的思想发生这一转变的是当时马克思所面对的德国社会现实。这就决定了马克思共同体思想的理论源泉与康德、黑格尔等人有很大的不同，他的理论直接来自于对现实人类社会现状的关切，而非是对于人的一般的伦理价值规定的思考。当然，马克思并没有从一开始就直接批判现存的政治国家，而是与当时最为流行的宗教批判家们站在一起来讨论宗教批判的问题。因此在 1842 年时，马克思还仍然愿意与卢格一起谈论宗教批判。

在科隆时，马克思曾写信给卢格，他在信中这样说道："宗教本身是没有内容的，它的根源不是在天上，而是在人间。"①1843 年的巴黎时期，在《1844 年经济学哲学手稿》的写作之前，马克思还这样对卢格说道："德国已深深地陷入泥潭，而且会越陷越深……这是事实，它至少教我们认识到我们的爱国主义的空洞和国家制度的畸形，使我们掩面知耻。"②但是马克思逐渐发现，对于宗教的这种批判是不彻底的。宗教的批判并不能充分地表现出他对于现实苦难的深刻理解。因此他比任何同时代的宗教批判家们都走得更远。在发现卢格以及大多数批判者的局限性之后，在人类社会现存的共同体问题上，他对现存的政治国家也一同加以批判。马克思对此指出："正如宗教是人类的理论斗争的目录一样，政治国家是人类的实际斗争的目录。"③这充分地表现出马克思要对现存的政治国家展开批判的决心。于《绝对的批判或布鲁诺先生所体现的批判的批判》中，马克思说道："现代国家承认人权和古代国家承认奴隶制具有同样的意义……正如古代国家的自然基础是奴隶制一样，现代

---

① 《马克思恩格斯文集》（第 10 卷），人民出版社 2009 年版，第 4 页。
② 《马克思恩格斯文集》（第 10 卷），人民出版社 2009 年版，第 4 页。
③ 《马克思恩格斯文集》（第 10 卷），人民出版社 2009 年版，第 8—9 页。

国家的自然基础是市民社会以及市民社会中的人……通过普遍人权承认了自己的这种自然基础本身。它并没有创立这个基础。正如现代国家是由于自身的发展而挣脱旧的政治桎梏的市民社会的产物，而今它又通过人权宣言承认自己的出生地和自己的基础。"①

可以看到，这种批判进一步地包含了对现存的政治国家与市民社会的双重批判。这成为马克思共同体思想在这一阶段的主要内容。这种问题意识和批判意识对于马克思的共同体思想而言，首先表现在对共同体本身的批判性思考上，真切地表现在对包括宗教、国家与市民社会在内的一切现存的共同体形式的批判之中。因为无论从国家决定市民社会的方面来理解现存的共同体，还是从国家对个人关系的调节方面来理解现存的共同体，抑或是从抽象的伦理观念来理解现存的共同体，都统统只能证明现存的共同体是"颠倒"了的。只有从现实的社会以及社会历史、现实的个人、现实的社会生产方式等现实的维度来理解现存的共同体，才能让一切颠倒了的关系重新正立起来。这种对现存的共同体的批判性也同样展现在《论犹太人问题》里："国家是人和人的自由之间的中介者……人把自己的全部非神性、自己的全部人的自由寄托在它身上。"②而关于国家所具有的这种对于个人的中介性质就表现在，对于出身、等级、文化程度、职业等差别而言，"国家根本没有废除这些实际差别，相反，只有以这些差别为前提，它才存在，只有同自己的这些要素处于对立的状态，它才感到自己是政治国家，才会实现自己的普遍性。"③进一步的，于政治国家这一共同体形成的基础之上，马克思还指出："民族的利己主义是普遍国家制度的自发的利己主义，

---

① 《马克思恩格斯文集》（第 1 卷），人民出版社 2009 年版，第 312—313 页。
② 《马克思恩格斯文集》（第 1 卷），人民出版社 2009 年版，第 29 页。
③ 《马克思恩格斯文集》（第 1 卷），人民出版社 2009 年版，第 29—30 页。

它同封建主义界限所体现的利己主义互相对立。"①而这种以民族的利己主义构成的新型共同体形式和交互关系，其存在方式和行为动机逐渐扩展成为一种新型的混合了国家和市民社会交织的复杂的共同体状态。这种关于国家和市民社会的现实批判构成了马克思对现存的共同体的现实状态的综合批判。由此，马克思展开了对国家与市民社会相区别的论述，同时指出了这两种共同体及其各自内部的现状。

首先，市民社会区别于国家。马克思指出："正是自然必然性、人的本质特性（不管它们是以怎样的异化形式表现出来）、利益把市民社会的成员联合起来。他们之间的现实的纽带是市民生活，而不是政治生活。因此，把市民社会的原子联合起来的不是国家……在今天，只有政治上的迷信还会妄想，市民生活必须由国家来维系，其实恰恰相反，国家是由市民生活来维系的。"②在这个意义上，"现代国家是以资产阶级社会的顺利发展、私人利益的自由运动等等作为基础的。"③在政治国家中，人把自己看作社会存在物。在市民社会中，人成为了"异己力量的玩物"。其次，马克思在这里将人和他们的公民身份，以及作为公民的个人与其所在的共同体的其他成员之间所发生的矛盾，视为现实的政治国家与市民社会的分裂。马克思指出："对于作为市民社会的成员的人来说：'在国家中的生活只是一种外观，或者是违反本质和通则的一种暂时的例外。'"④而这就是"政治国家本身的诡辩"。在这个意义上，马克思认为政治共同体下的人权包含了两个部分：一部分只是与别人共同行使政治权利；另一部分是与公民权不同的作为市民社会的成员

---

① 《马克思恩格斯文集》（第 1 卷），人民出版社 2009 年版，第 312—313 页。
② 《马克思恩格斯文集》（第 1 卷），人民出版社 2009 年版，第 312—313 页。
③ 《马克思恩格斯文集》（第 1 卷），人民出版社 2009 年版，第 312—313 页。
④ 《马克思恩格斯文集》（第 1 卷），人民出版社 2009 年版，第 31 页。

的权利。前者就是参加政治共同体（国家），"属于政治自由的范畴，属于公民权利的范畴"①；后者"无非是利己的人的权利、同其他人并同共同体分离开来的人的权利"②。也就是说，马克思指出："公民身份、政治共同体甚至都被那些谋求政治解放的人贬低为这些所谓人权的一种手段。"③当"自由这一人权一旦同政治生活发生冲突，就不再是权利，而理论上，政治生活只是人权、个人权利的保证，因此，它一旦同自己的目的即同这些人权发生矛盾，就必定被抛弃"④。所以马克思从根本上认为在政治共同体条件下的人的解放向来就无从谈起。

最后，由于"政治国家的建立和市民社会分解为独立的个体……是通过一种行为实现的"⑤。那么，发达的现代政治国家的基础就应当是"废除和取消了特权的社会，是使在政治上仍被特权束缚的生活要素获得自由的发达的市民社会"⑥。这样，任何"享有特权的封闭状态"与其他封闭状态的对立、与公共状况的对立就都不复存在了。自由工业和自由贸易最终消除了曾经封闭状态下的诸种特权，从而也消除了存在于诸般特权之间的矛盾和斗争。同时，"自由工业和自由贸易却挣脱了特权束缚的（这种特权使人们同普遍整体隔绝开来，但同时又把他们结合成为较小的排他性整体）、自身不再由于普遍纽带的假象而依赖于他人的人，来取代那些封闭状态，从而引起人反对人、个人反对个人的普遍斗争"⑦。在此基

---

① 《马克思恩格斯文集》（第1卷），人民出版社2009年版，第39页。
② 《马克思恩格斯文集》（第1卷），人民出版社2009年版，第40页。
③ 《马克思恩格斯文集》（第1卷），人民出版社2009年版，第43页。
④ 《马克思恩格斯文集》（第1卷），人民出版社2009年版，第43页。
⑤ 《马克思恩格斯文集》（第1卷），人民出版社2009年版，第45页。
⑥ 《马克思恩格斯文集》（第1卷），人民出版社2009年版，第316页。
⑦ 《马克思恩格斯文集》（第1卷），人民出版社2009年版，第316页。

础之上，其最终形成的市民社会就是"由于各自个性而从此相互隔绝的所有个人之间相互反对的战争，就是摆脱了特权桎梏的自然生命力的不可遏止的普遍运动"①。然而，这种对于特权的摆脱并非是个人自由的真正实现和完成。因为，按照马克思的理解而言，作为政治共同体的民主代议制国家与作为资本共同体的市民社会的对立仅仅只是"社会共同体和奴隶制的典型对立的完成"②。这就意味着，作为市民社会的共同体内部存在着一种"新型"奴隶制，市民社会的共同体"在表面上看来是最大的自由"，但是这不过是因为"这种奴隶制看上去似乎是尽善尽美的个人独立……这样的运动实际上是个人的十足的屈从性和非人性。在这里，法代替了特权。"③在市民社会这一共同体的形式之下，其中的这种个人所表现出来的"屈从性"和"非人性"成为现阶段人类共同体内部的异化表现："在现实世界中，每一个人既是奴隶制的成员，同时又是共同体的成员。"④

　　所以，无论现代民族国家的政治制度多么地完善，无论作为市民社会的共同体内部所标榜的自由多么地丰富，在马克思看来却始终不可能被称之为是人的解放，也根本无法让人实现自由。马克思对此这样总结道："政治解放一方面把人归结为市民社会的成员，归结为利己的、独立的个体，另一方面把人归结为公民，归结为法人。"⑤而在马克思看来，真正的解放是"使人的世界即各种关系回归于人自身"⑥。换句话说，马克思认为现存的共同体形式所存在

---

① 《马克思恩格斯文集》（第1卷），人民出版社2009年版，第316页。
② 《马克思恩格斯文集》（第1卷），人民出版社2009年版，第316页。
③ 《马克思恩格斯文集》（第1卷），人民出版社2009年版，第316—317页。
④ 《马克思恩格斯文集》（第1卷），人民出版社2009年版，第316页。
⑤ 《马克思恩格斯文集》（第1卷），人民出版社2009年版，第46页。
⑥ 《马克思恩格斯文集》（第1卷），人民出版社2009年版，第46页。

的问题根源就在于，它并没有起到真正的共同体所应当起到的作用——为人的解放提供充分条件。这也就能够解释为什么马克思认为，资本主义社会从本质上来讲是导致人异化的共同体。然而必须注意的是，这并不意味着马克思因此认为共同体的价值是与个人的价值相分离的。相反，现存的共同体形式的不理想恰恰证明应当有一种理想的共同体形式存在，因而个人没有实现自身解放的原因与共同体没有完成自身真正的构建的原因也就恰恰具有逻辑上的一致性，甚至是紧密关系在一起的。马克思对此还在《〈黑格尔法哲学批判〉导言》中做出了重要的说明，他说道："人不是抽象的蛰居于世界之外的存在物。人就是人的世界，就是国家，社会。"①因此，人类命运早已与其自身的共同体的命运紧密关联在一起。或者说，人的共同体的现实状态也就在正面上表现了人自身的现实的生存状态。解放了的个人与实现人的解放了的共同体是具有统一性的，并且这种统一性应当由人的最终的自由的实现所确证。现代社会、现代国家、各种形式的现实的共同体都反映了一切现实的人类社会所表现的历史阶段。现存的共同体形式将伴随着私有制的崩塌而改变，随着人的自由的实现和人的真正解放的到来而发生根本性的变革。无论是市民社会还是国家，这些当下历史阶段所表现出来的共同体形式及其内部的制度模式和伦理原则，在马克思看来都是现实的生产力和生产关系的产物。

　　这一时期的马克思已然开始了对黑格尔哲学及其共同体思想的全面反驳。在黑格尔的政治国家当中存在着的高度肯定国家共同体的普遍的伦理原则，在马克思看来，这种政治国家的共同体不过是"靠维护一切卑劣事物为生的，它本身无非是以政府的形式表现出

---

① 《马克思恩格斯文集》（第 1 卷），人民出版社 2009 年版，第 3 页。

来的卑劣事物"①。

(二) 对费尔巴哈的"人"的反思

马克思共同体思想要面对的另一个基础问题来自于对费尔巴哈的人的观念的反思。在发现并开始对黑格尔"颠倒了的世界观"进行批判之后，马克思对于共同体问题的思考开始主动偏向费尔巴哈哲学。在初始阶段，马克思对于费尔巴哈的"人"的概念十分痴迷。一开始，马克思并没发现费尔巴哈哲学所存在的理论问题。直到 1844 年中旬，马克思还仍然深深地沉浸在费尔巴哈的感性—对象性原则之中。在 1844 年 8 月，马克思于巴黎给费尔巴哈写了一封信。当时的马克思刚刚完成《〈黑格尔法哲学批判〉导言》的写作。他将这篇涵盖着他早期共同体思想的文章寄给了费尔巴哈，并在信中写道："给您寄上一篇我的文章，在文章中可以看到我的法哲学批判的某些成分。这一批判我已经写完，但后来又重新作了加工，以便使它通俗易懂。我并不认为这篇文章有特殊的意义，但是使我感到高兴的是，我能有机会表示我对您的崇高敬意和爱戴（请允许我使用这个字眼）。"②当时的马克思认为，费尔巴哈的《未来哲学》和《信仰的本质》已经超过了当时德国的全部著作，我们可以明显地看到那时的马克思对费尔巴哈思想的崇高敬意。此外，马克思还曾在关于政治共同体的问题上直言："我们的全部意图只能是使宗教问题和政治问题具有自觉的人的形态，像费尔巴哈在批判宗教时所做的那样。"③这段时间的马克思坚信费尔巴哈与他是站在同一阵线上的，他在上述同一篇信件当中还这样热切地与费尔巴哈

---

① 《马克思恩格斯文集》(第 1 卷)，人民出版社 2009 年版，第 6 页。
② 《马克思恩格斯文集》(第 10 卷)，人民出版社 2009 年版，第 13 页。
③ 《马克思恩格斯文集》(第 10 卷)，人民出版社 2009 年版，第 9 页。

说道:"建立在人们的现实差别基础上的人与人的统一,从抽象的天上降到现实的地上的人类这一概念,如果不是社会这一概念,那是什么呢?"①

不过,他很快就认识到了费尔巴哈哲学的局限性,并且迅速开启了对费尔巴哈的"人"的思想的反思。不得不说,恩格斯在这里对马克思起到了重要的提示性作用。在1844年的门巴,恩格斯这样给马克思写信道:"我感到有趣的是:这帮理性主义者,在理论上是基督教,在实践上是无神论,因而显得十分可笑。"②这其中"理论上是基督教"就是暗指费尔巴哈,并且恩格斯在提及施蒂纳的利己主义时,还明确说到了费尔巴哈的"人"的观念:"费尔巴哈的'人'是从上帝引申出来的……是从上帝进到'人'的,这样,他的'人'无疑还戴着抽象概念的神学光环。"③为此,恩格斯认为费尔巴哈用以进入"人"的理论的真正途径也是颠倒的,是与马克思的哲学相背离的。恩格斯对马克思提醒道:"我们必须从我,从经验的、有血有肉的个人出发,不是为了像施蒂纳那样陷在里面……我们必须从个别物中引申出普遍物,而不要从本身中或者像黑格尔那样从虚无中去引申。"④在对费尔巴哈的人的思想进行反思之后,马克思进一步展开了对其哲学的批判,与此同时也展开了对费尔巴哈共同体思想的批判。

其实,我们可以从《1844年经济学哲学手稿》十分清晰地看到马克思与费尔巴哈在共同体思想当中的关联性。在《1844年经济学哲学手稿》中马克思这样说道:"人的普遍性正是表现为这样的普遍性,它把整个自然界——首先作为人的直接的生活资料,其次作

①《马克思恩格斯文集》(第10卷),人民出版社2009年版,第13页。
②《马克思恩格斯文集》(第10卷),人民出版社2009年版,第22—23页。
③《马克思恩格斯文集》(第10卷),人民出版社2009年版,第25页。
④《马克思恩格斯文集》(第10卷),人民出版社2009年版,第25页。

为人的生命活动的对象（材料）和工具——变成人的无机的身体。自然界，就它自身不是人的身体而言，是人的无机的身体。人靠自然界生活……人是自然界的一部分。"①这一观点与费尔巴哈将自然称为人类所依赖的"母亲"的观点如出一辙。但是，马克思实际上比费尔巴哈走得更远。因为，费尔巴哈并没有真正地由人与自然的关系的对象性认知发展到人与社会的关系的认知，他也没有对人类的共同体生活作出解释。在对于人作为"类"而存在的观念上，费尔巴哈也只是将这种"类"作为一种用来理解形成人的自我意识的对象性的存在物。即使当费尔巴哈说："人的本质只是包含在团体之中，包含在人与人的同一之中"②时，他也只不过是停留在一种自然的共同结合的层面上来论及共同体的。此外，虽然费尔巴哈还说道："只有社会的人才是人，因为有你存在和与你共处，我才是我。"③但是，费尔巴哈并没有像马克思那样以生产实践和劳动为出发点去说明什么是社会。并且，费尔巴哈忽略了现实社会的异化情况，即，当现实社会产生异化，当社会作为一种人类的共同体形态仍然处于发展和未成熟的阶段时，人在社会共同体当中能否实现自身的类本质的回归，以及是否人在社会当中就能够实现其类生活，这些仍旧是很大的问题。马克思敏锐地发现了费尔巴哈思想当中的这些问题。

首先，对于人如何从人在自然界中的对象性活动转移到社会共同体中的对象性活动的问题，马克思在《1844年经济学哲学手稿》中这样说道："自然界的人的本质只有对社会的人来说才是存在的；

①马克思：《1844年经济学哲学手稿》，人民出版社2000年版，第56—57页。
②〔德〕费尔巴哈：《费尔巴哈哲学著作选集》（上卷），荣震华，李金山译，商务印书馆1984年版，第185页。
③〔德〕费尔巴哈：《费尔巴哈哲学著作选集》（上卷），荣震华，李金山译，商务印书馆1984年版，第571页。

因为只有在社会中，自然界对人来说才是人与人联系的纽带，才是他为别人的存在和别人为他的存在，只有在社会中，自然界才是人自己的人的存在的基础，才是人的现实的生活要素……社会是人同自然界的完成了的本质的统一，是自然界的真正复活，是人的实现了的自然主义和自然界的实现了的人道主义。"①这样，马克思就将自然界当中人的本质与社会中人的本质统一起来，同时也就消除了人类共同体在自然状态与社会状态的分离。而这种对自然与社会进行的统一性阐释是费尔巴哈不曾有过的。

其次，在马克思的共同体思想当中，马克思并没有直接跨越到"只有社会的人才是人"这一步。因为，马克思的异化理论对现存的共同体状态下的人是否回归了人的类本质提出了批判和质疑，也就是对现存的共同体本身提出了批判和质疑。按照费尔巴哈的观点，现存的共同体已然使人成为人，或者说，只要人生活在共同体当中，不论这个共同体内部是何种状态的，人都能够自然而然成为回归了类本质的真正的人。对于这一点马克思是不同意的。在马克思看来，虽然人在本质上是生活在共同体当中的，并且人的本质就是要"共同的活动和共同的享受"，甚至马克思在这个意义上说："个体是社会存在物。"②但是这并不意味着现有的共同体就已然体现了人的"真正"的"类本质"。因为，现有的共同体形式可能是虚幻的，其所体现出来的也只能是人的"虚幻的"本质。这就是马克思所指出的现有的资本主义共同体当中的人的异化现象。这也是马克思对现存的资本主义制度下的共同体形式进行批判的原因，同时也是其共同体思想的现实意义所在。因此，我们在这里可以看到马克思独特的理论视角，即当我们抛开人是否在回归共同体时就已

①马克思：《1844 年经济学哲学手稿》，人民出版社 2000 年版，第 83 页。
②马克思：《1844 年经济学哲学手稿》，人民出版社 2000 年版，第 84 页。

然完成了自我实现的问题不谈，我们仍然要去理解个人与共同体在当前历史阶段当中所表现出来的本质是否"真实"的问题。在《1844年经济学哲学手稿》中，马克思强调："社会的活动和社会的享受决不仅仅存在于直接共同的活动和直接共同的享受这种形式中，虽然共同的活动和共同的享受……在社会性的上述直接表现以这种活动的内容的本质为根据并且符合其本性的地方都会出现。"①

最后，马克思提出了他对现存的共同体的现实批判，这种批判集中于对现存的共同体当中人的异化的揭示。恩格斯向马克思提及费尔巴哈的"人"是戴着抽象概念的神学光环的，马克思必然会警惕地察觉到这种抽象的"人"的观念是无法带入到他对共同体的现实批判当中的。马克思随即指出，抽象的人并非是人在共同体当中异化的来源，"在实践的、现实的世界中，自我异化只有通过对他人的实践的、现实的关系才能表现出来。"②同时，马克思把这种异化的根源直接指向了私有制和私有财产，他说道："这种物质的、直接感性的私有财产，是异化了的人的生命的物质的、感性的表现。私有财产的运动——生产和消费——是迄今为止全部生产的运动的感性展现。"③而已然出现过的以及现存的共同体，如宗教、家庭、国家等，"都不过是生产的一些特殊的方式，并且受生产的普遍规律的支配"④而存在的。因而"对私有财产的积极的扬弃，作为对人的生命的占有，是对一切异化的积极的扬弃，从而是人从宗教、家庭、国家等等向自己的人的存在即社会的存在的复归"⑤。因此，虽然现存的共同体当中存在着广泛的异化现象，但是，人与

①马克思：《1844年经济学哲学手稿》，人民出版社2000年版，第83页。
②马克思：《1844年经济学哲学手稿》，人民出版社2000年版，第60页。
③马克思：《1844年经济学哲学手稿》，人民出版社2000年版，第82页。
④马克思：《1844年经济学哲学手稿》，人民出版社2000年版，第82页。
⑤马克思：《1844年经济学哲学手稿》，人民出版社2000年版，第82页。

共同体的生活的统一性并没有遭到破坏，因为人的异化劳动导致了共同体内部表现为异化的物质条件，而现存的共同体内部所存在的异化的物质条件又反过来加深了人的异化。因此"个体生活的存在方式——必然是——类生活的较为特殊的或者较为普遍的方式，而类生活是较为特殊的或者较为普遍的个体生活"①。马克思的这种对现存的共同体的批判，也同时成为对现实的人的异化劳动的批判。

三、马克思共同体思想的理论视域及其核心内容

唯物史观与资本批判是理解马克思哲学思想的两个重要视域，它也同样构成了理解马克思共同体思想的两个重要维度。在唯物史观的视域之下，马克思揭示了人类社会的共同体形式从"虚幻的共同体"到"真正的共同体"的历史演进过程及其发展规律；在资本批判的视域之下，马克思揭示了共同体的内在逻辑及其时代价值。这两种视域相辅相成，分别从共同体的发展沿革和现实的批判性出发，共同构成了马克思共同体思想的核心内容。

马克思从博士论文以及《莱茵报》时期开始，就逐渐关注到了现实的共同体所存在的基础问题。带着对社会现实的关切与审视，1843 年的马克思开始了《黑格尔法哲学批判》的写作，并展开了他对共同体问题的最初的系统性思考。其后，马克思在《德意志意识形态》等一系列著作集中论述了马克思共同体思想和共同体相关概念，十分鲜明地对现存的共同体理论以及现存的共同体本身展开批判。直到 1848 年，马克思与恩格斯合作一起完成了《共产党宣

①马克思：《1844 年经济学哲学手稿》，人民出版社 2000 年版，第 84 页。

言》，马克思彻底喊出了他希望真正共同体的理想能够终究得以实现的响亮口号："全世界无产者联合起来"!

在《共产党宣言》里面，马克思已然基本明确了将资本和劳动作为共同体内在联合的基础和现实条件，并且进一步把感性的个人与共同体之间的统一性关系落实到现实的物质基础之上。马克思在完成了对现存的共同体形式的现实批判以后，彻底抛弃了并且也不再在抽象的层面上去谈论黑格尔式的伦理共同体。可以说，《共产党宣言》象征着马克思的共同体思想进入了一个成熟的建构阶段。其后，随着马克思向政治经济学、向剩余价值理论等的进一步转向，从 1857 年的《〈政治经济学批判〉导言》开始，直到《资本论》的完成，则逐渐进入到了后期对共同体理论的补充阶段。可以说，马克思的共同体思想及其相关概念，最早出现于马克思博士论文时期，发端于《莱茵报》阶段的理论自觉，发展于《1844 年经济学哲学手稿》和《德意志意识形态》时期对黑格尔哲学以及费尔巴哈哲学的批判，初步完成于《共产党宣言》，并且在《〈政治经济学批判〉导言》《资本论》等后期作品当中得到进一步补充。因此，马克思的共同体思想是伴随着马克思哲学的整体思想进程而得到充实和发展的。并且，马克思的共同体思想的核心内容随着马克思自身哲学的全面发展而得到了系统性的构建。

（一）唯物史观视域下的共同体：从"自然的共同体"到"真正的共同体"

一种用以理解马克思共同体思想核心内容的重要视域就是唯物史观。从唯物史观的视域出发，马克思提出了人类社会在不同的历史阶段所形成的不同的共同体形式。他首先以分工的各个发展阶段，划分了各种不同的所有制形式：部落、古典古代的公社和国家、封建的或等级的。之所以要如此做，是因为马克思认为"以一定的方式进行生产活动的一定的个人，发生一定的社会关系和政治关系……社会结构和国家总是从一定的个人的生活过程中产生的"①。因此，所有制形式的不同实际上就区别了人类社会历史上不同的共同体的存在形式。具体而言，马克思的共同体思想在总体上表现为从"自然的共同体"走向"真正的共同体"的历史发展过程。这个发展过程实际上也是人不断摆脱对外界的依赖，逐步回归自身的过程。

首先，从历史唯物主义的客观规律来看，在人类社会发展的第一个历史阶段，出现的首个共同体模式应当是"自然的共同体"。但是要首先说明的是，从马克思的文本来看，"自然的共同体"却并不是马克思要首个论述的共同体模式。也就是说，在实际写作过程当中，马克思并没有首先论述"自然的共同体"，而是首先论述了"虚幻的共同体"，虽然从历史的发展上来看，"自然的共同体"是先在的。对于"自然的共同体"的相关表述，马克思直到在写作《政治经济学批判 1857—1858 年手稿》时才进行了相关内容的补充。在《政治经济学批判 1857—1858 年手稿》里，马克思重新梳理并补充说明了"虚幻的共同体"以前就出现了的"自然的共同体"，并且还从历史唯物主义的视角出发，对共同体内部的"私人利益""货币"和"战争"等概念重新做出界定。在对"自然的共同体"进行阐述时，马克思延续了在《1844 年经济学哲学手稿》以及《德意志意识形态》当中用以理解"虚幻的共同体"所使用的生产逻辑。马克思把原始的战争归结为共同体的"原始工作"，他指出："战争就是每一个这种自然形成的共同体的最原始的工作之一，

---

① 《马克思恩格斯文集》（第 1 卷），人民出版社 2009 年版，第 527 页。

既用以保卫财产，又用以获得财产。"①对于"自然的共同体"，马克思结合了三种所有制形式及其相对应的共同体状态进行举例说明：

（1）亚细亚的所有制形式。这是一种自然形成的共同体——部落共同体，它是共同占有和利用土地的前提。在该形式下，"土地是共同体的财产，而且是在劳动中生产并再生产自身的共同体的财产。每一个单个的人，只有作为这个共同体的成员，才能把自己看成所有者或占有者。"②

（2）古代的所有制形式。这种形式"它也像第一种形式一样，曾经在地域上、历史上等等发生一些重大的变化——是原始部落更为动荡的历史生活、各种遭遇以及变化的产物，它也要以共同体作为第一个前提"③。与亚细亚的所有制形式不同的是，古代的所有制形式"不是以土地作为自己的基础，而是以城市作为农民（土地所有者）的已经建立的居住地"④。其共同体的具体形态表现为公社（作为国家），"在这里，公社组织的基础既在于它的成员是由劳动的土地所有者即拥有小块土地的农民所组成的，也在于拥有小块土地的农民的独立性是由他们作为公社成员的相互关系来维持的"⑤。

（3）日耳曼的所有制形式。在这种所有制形式下，日耳曼的公社（共同体）并不集中在城市中；公社本身具有同单个人的存在不同的外部存在。"公社事实上不是像古代民族那里那样，作为国家、

---

① 《马克思恩格斯文集》（第 8 卷），人民出版社 2009 年版，第 141 页。
② 《马克思恩格斯文集》（第 8 卷），人民出版社 2009 年版，第 124 页。
③ 《马克思恩格斯文集》（第 8 卷），人民出版社 2009 年版，第 126 页。
④ 《马克思恩格斯文集》（第 8 卷），人民出版社 2009 年版，第 126 页。
⑤ 《马克思恩格斯文集》（第 8 卷），人民出版社 2009 年版，第 127 页。

作为国家组织而存在，因为它不是作为城市而存在的。"①"〔日耳曼〕的公社本身，一方面，作为语言、血统等等的共同体，是个人所有者存在的前提；但另一方面，这种公社只存在于公社为着共同目的而举行的实际集会中，而就公社具有一种特殊的经济存在（表现为共同使用猎场、牧场等等）而言，它是被每一个个人所有者的身份来使用，而不是以国家代表的身份（像在罗马那样）来使用的。"②因此，"自然的共同体"在马克思的眼中至少呈现出了两个基本特征：一、共同体的天然物质基础是土地；二、共同体内部的成员是基于血缘关系组成的群体。在"自然的共同体"中，人对于外界的依赖主要表现为人身依赖关系，或者是说是主奴关系。在这里，共同体内部的人身关系是不平等的，个人被绑定在一个固定的社会角色之上，个性和尊严被全面压制。

其次，依据共同体发展的客观历史规律，"自然的共同体"经过发展之后便出现了"虚幻的共同体"。在马克思共同体思想所形成的最初阶段，"虚幻的共同体"是马克思要进行现实批判的首个对象。在《德意志意识形态》中，马克思确定了社会存在决定社会意识的基本原则，并依据此原则开启了对"虚幻的共同体"的全面论述和彻底批判。马克思重新理清了物质生产劳动、分工、所有制形式和阶级对立之间的关系，对现存的政治共同体作出了彻底的剖析。他指出，"虚幻的共同体"的产生，是由于个人对于自身特殊利益的诉求打破了传统的"自然的共同体"内部的稳定结构。不同于"自然的共同体"，在"虚幻的共同体"当中，人对外界的依赖关系由原先的人身依赖关系转化为人对物的依赖关系。具体来说，"虚幻的共同体"就指的代表了特定阶级利益的政治国家。之所以

---

① 《马克思恩格斯文集》（第 8 卷），人民出版社 2009 年版，第 131—132 页。
② 《马克思恩格斯文集》（第 8 卷），人民出版社 2009 年版，第 133—134 页。

把这种政治国家指称为"虚幻的共同体",是因为马克思认为在国家这一政治共同体形式当中,国家所许诺给个人的一切诺言都是"虚幻的"。在政治国家当中,其所谓的"普遍利益"仅仅代表统治阶级的特殊利益,其"人权"也不过是国家统治阶级权利的附庸。"由于这种共同体是一个阶级反对另一个阶级的联合,因此对于被统治的阶级来说,它不仅是完全虚幻的共同体,而且是新的桎梏。"①因此,"虚幻的共同体"产生的根源"正是由于特殊利益和共同利益之间的这种矛盾,共同利益才采取国家这种与实际的单个利益和全体利益相脱离的独立形式,同时采取虚幻的共同体形式"②。现实的资本主义的政治国家作为一种共同体形式是"虚幻的",这正是因为私有制作为其共同体内部的制度形式在最大程度上允许了"特殊利益和共同利益之间的这种矛盾"。马克思对此进一步指出:"由于国家是从控制阶级对立的需要中产生的,由于它同时又是在这些阶级的冲突中产生的,所以,它照例是最强大的、在经济上占统治地位的阶级的国家"③。国家一方面通过政治统治功能对阶级矛盾进行调和,保障现有共同体内部秩序的稳定,从而实现对统治阶级的利益保护;另一方面,国家通过其控制和调节社会秩序来管理共同体内部成员,从而使得这种统治得以延续。

除了将国家归结为一种"虚幻的共同体"以外,马克思还将市民社会从国家当中分离出来,按照马克思对于"虚幻的共同体"的相关描述,市民社会也是"虚幻的共同体"。因为在市民社会中,人与人之间的关系是异化的关系,这种关系体现在非人的物之上。马克思认为,在资本主义的秩序之下,市民社会相对于政治国家而

① 《马克思恩格斯文集》(第1卷),人民出版社2009年版,第571页。
② 《马克思恩格斯选集》(第1卷),人民出版社1995年版,第84页。
③ 《马克思恩格斯选集》(第4卷),人民出版社1995年版,第172页。

独立存在，二者是两种不同的共同体形式，或者说，是重叠存在的两种不同的共同体的生活状态。按照马克思所说，在资本主义制度之下，人们过着两种生活，"前一种是政治共同体中的生活，在这个共同体中，人把自己看作社会存在物；后一种是市民社会中的生活，在这个社会中，人作为私人进行活动，把他人看做工具，把自己也降为工具，并成为异己力量的玩物"①。在这两种共同体生活之中，不是国家决定市民社会，而是市民社会最终决定国家。国家作为统治阶级特殊利益的代表而成为"虚幻"，市民社会作为个人的特殊利益——"利己"原则的代表而成为"虚幻"。在市民社会中，所有人最关切的就是自身的特殊利益，至于他们所处的市民社会这个共同体对于他们而言，仅仅是一个攫取自身利益的手段，与此同时，他人也变成他们实现自身利益的手段，成为"工具"，由此，他们自己也成为了他人的"工具"。其实早在《1844年经济学哲学手稿》时期的马克思就已然强调了"社会"存在的基础是劳动的对象化这一判断，并且这一时期的马克思共同体思想已然完成了将市民社会和国家的二分。马克思一方面承认了共同体与个人的一致性和统一性，另一方面则进一步地从劳动异化出发针对现实当中出现异化了的共同体，也就是市民社会，进行了专门的批判。在批判的同时，马克思从市民社会出发，归结出一种在现阶段与"虚幻的共同体"同时相应存在的"抽象的共同体"。按照邵发军的说法，"这种抽象实际上是抽象的思维中体现的抽象的能力，这种能力具体化为货币的抽象的普遍性和统一性并为所有人接受。"②这种"抽象的共同体"并不是某种现实的共同体形式，也不是某些伦理实体

---

① 《马克思恩格斯文集》（第1卷），人民出版社2009年版，第30页。

② 邵发军：《马克思的共同体思想研究》，知识产权出版社2014年版，第85页。

的抽象形式，而是那种能够体现抽象思维能力的现实的"符号"，即货币—资本。因此表现"抽象的共同体"的"符号"本身并不抽象。马克思对此指出："劳动直接生产交换价值，从而生产货币；而货币也直接购买劳动，从而购买工人……一方的雇佣劳动和另一方的资本，都只不过是发达的交换价值和作为交换价值化身的货币的另一些形式。所以，货币同时直接是现实的共同体"①。同货币一样，"资本是集体的产物，它只有通过社会许多成员的共同活动，而且归根到底只有通过社会全体成员的共同活动，才能运动起来。"因为资本"是一种社会力量"。将"货币—资本"视为"抽象的共同体"，其背后是将人与人之间的关系付诸于货币—资本的一种表达方式。马克思认为，"现代的国家政权不过是管理整个资产阶级的共同事务的委员会罢了"②。这就重新放置了国家政权与资产阶级相对于政治国家共同体的内在关系，从而将抽象的政治权利实质化为货币—资本的物质关系。与此同时，马克思也把抽象的道德关系实质化为现实的利益关系。马克思进一步还提到，"资产阶级，由于开拓了世界市场，使一切国家的生产和消费都成为世界性的了"③。借由这种拓展，世界性的内在联系通过世界市场的物质性联系得以形成。人与人之间的这种普遍联系的建立并非是通过伦理和道德的抽象联系才得以实现的，而是基于货币—资本的物质联系才得以完成的。当马克思论述私人利益时，他指出："私人利益本身已经是社会所决定的利益，而且只有在社会所设定的条件下并使用社会所提供的手段，才能达到；也就是说，私人利益是与这些条件和手段的再生产相联系的。"④因此，在马克思看来，这些私人利

① 《马克思恩格斯全集》（第 30 卷），人民出版社 1995 年版，第 178 页。
② 《马克思恩格斯文集》（第 2 卷），人民出版社 2009 年版，第 33 页。
③ 《马克思恩格斯文集》（第 2 卷），人民出版社 2009 年版，第 35 页。
④ 《马克思恩格斯文集》（第 8 卷），人民出版社 2009 年版，第 50 页。

益的是"不以任何人为转移的社会条件决定的。"①而货币的本质在于它能以交换价值为基础使得"毫不相干的个人之间的互相的和全面的依赖，构成他们的社会联系"②。所以马克思认为，每个人"衣袋里装着自己的社会权力和自己同社会的联系"③。由于这种物质性的世界市场的发展，"物质的生产是如此，精神的生产也是如此……由许多种民族的和地方的文学形成了一种世界的文学"④。这种"世界文学"不难被理解为一种能够进行世界性的精神上沟通的共识基础。由于物质的世界性联系，精神的这种世界性传递才得以完成。物质的联系以及精神的联系统一构成了一种世界性共同体的框架基础。"资产阶级日甚一日地消灭生产资料、财产和人口的分散状态……由此必然产生的结果就是政治的集中。各自独立的……地区，现在已经结合为……统一的民族。"⑤因此，现代意义的民族国家也就成为了一种"虚幻的共同体"。因为，只要我们延续着前面关于"虚幻的共同体"当中必然存在着"特殊利益"和"共同利益"之间"矛盾"的观点，我们就会发现，不仅仅是个人、阶级与国家利益之间具有"特殊性"与"共同性"的矛盾，作为民族国家形式的共同体其内部也同样存在这样的矛盾。那么，在这个意义上，民族国家也成为一种"特殊性"的"虚幻"的存在。

最后，将"虚幻的共同体"与"抽象的共同体"结合起来，在《共产党宣言》中，马克思最终实现了对共同体内部的所有制形式与社会生产实践的有机结合。这使得马克思的共同体思想发展到一个成熟的阶段，也使得作为未来阶段的"真正的共同体"得以在

---

① 《马克思恩格斯文集》（第8卷），人民出版社2009年版，第51页。
② 《马克思恩格斯文集》（第8卷），人民出版社2009年版，第51页。
③ 《马克思恩格斯文集》（第8卷），人民出版社2009年版，第51页。
④ 《马克思恩格斯文集》（第2卷），人民出版社2009年版，第35页。
⑤ 《马克思恩格斯文集》（第2卷），人民出版社2009年版，第36页。

"类"的意义上成为马克思共同体思想的终极追求和价值指向。在《共产党宣言》当中，我们可以清楚地看到，在"真正的共同体"当中，马克思对个人与共同体之间关系的一种统一性的理解——共同体在人类发展史上的存在和运动过程就是人向自身"类本质"的复归运动。由此，彻底实现了人的自身解放了的人类社会也就成为人的最终归属的真正的共同体。马克思对此还提到："随着资产阶级的发展，随着贸易自由的实现和世界市场的建立，随着工业生产以及与之相适应的生活条件的趋于一致，各国人民之间的民族分隔和对立日益消失。无产阶级的统治将使它们更快地消失。"①当"人对人的剥削一消灭，民族对民族的剥削就会随之消灭。民族内部的阶级对立一消失，民族之间的敌对关系就会随之消失"②，"当阶级差别在发展进程中已经消失而全部生产集中在联合起来的个人的手里的时候，公共权力就失去政治性质……如果说无产阶级在反对资产阶级的斗争中一定要联合为阶级，通过革命使自己成为统治阶级，并以统治阶级的资格用暴力消灭旧的生产关系，那么它在消灭这种生产关系的同时，也就消灭了阶级对立的存在条件，消灭了阶级本身的存在条件，从而消灭了它自己这个阶级的统治"③。马克思以这种方式为无产阶级的革命斗争进行正名："一方面，在无产者不同的民族斗争中，共产党人强调和坚持整个无产阶级共同的不分民族的利益；另一方面，在无产阶级和资产阶级的斗争所经历的各个阶段上，共产党人始终代表整个运动的利益。"④由资产阶级的联合所促进的世界联合发展到由无产阶级的联合所促进的世界联合，这两者之间的差别就在于无产阶级的联合才是真正去除了民族

① 《马克思恩格斯文集》（第2卷），人民出版社2009年版，第50页。
② 《马克思恩格斯文集》（第2卷），人民出版社2009年版，第50页。
③ 《马克思恩格斯文集》（第2卷），人民出版社2009年版，第53页。
④ 《马克思恩格斯文集》（第2卷），人民出版社2009年版，第44页。

国家限制的自由的联合，而资产阶级的联合其基础是利益的结合和调配。因此，当"社会拥有的生产力已经不能再促进资产阶级文明和资产阶级所有制关系的发展"的时候，当"生产力已经强大到这种关系所不能适应的地步"的时候，"资产阶级的关系已经太狭窄了，再也容不了它本身所造成的财富了"①，整个资产阶级社会就会陷入混乱。所以，共产主义并不是要"剥夺任何人占有社会产品的权力，它只剥夺利用这种占有去奴役他人劳动的权力"②。因此共产主义所要实现的就是一种扬弃了异化的"真正的共同体"。因为马克思认为，"作为类意识，人确证自己的现实的社会生活，并且只是在思维中复现自己的现实存在；反之，类存在则在类意识中确证自己，并且在自己的普遍性中作为思维着的存在物自为地存在着"③。马克思坚信，只有在真正的共同体当中，人才能完成真正的解放、实现真正的自由。这其实也可以看作是一种马克思坚持人的辩证发展与坚持共同体与个人的统一性的必然诉求。

马克思共同体思想的发展和演变经历了一种先破后立的过程。说他是"先破"，是指他对现实异化了的共同体的彻底批判；说他是"后立"，则是说他提出了"真正的共同体"的发展指向。在此基础上马克思所提出来的"每个人的自由发展是一切人的自由发展的条件"④。这里的自由就不是自由主义所强调的政治自由，而是彻底摆脱政治国家和市民社会双重奴役的真正的自由。那么一切人的自由发展的共同体实际上也就是最普遍意义上的人类共同体了。"真正的共同体"的提出，标志着马克思的共同体思想完成了与马克思哲学的唯物史观和辩证法的充分结合，并且由此成为了马克思

① 《马克思恩格斯文集》（第 2 卷），人民出版社 2009 年版，第 37 页。
② 《马克思恩格斯文集》（第 2 卷），人民出版社 2009 年版，第 47 页。
③ 《马克思恩格斯文集》（第 1 卷），人民出版社 2009 年版，第 188 页。
④ 《马克思恩格斯文集》（第 2 卷），人民出版社 2009 年版，第 53 页。

主义政治哲学研究当中的一个自成系统、较为完整的重要组成部分。马克思还在此明确地重申了其共同体思想的社会历史观，他指出："全面发展的个人——他们的社会关系作为他们自己的共同的关系，也是服从于他们自己的共同的控制的——不是自然的产物，而是历史的产物。"①由此，"真正的共同体"的概念和内容彻底地丰满了起来。

（二）资本批判视域下的共同体：从生产逻辑到资本逻辑

在对马克思的共同体思想进行理解时，除了从唯物史观的视域出发，对共同体在人类的社会历史上的发展进程进行说明之外，还要从资本批判的视域出发，对共同体的发展和演变给出资本批判的逻辑解释：生产逻辑和资本逻辑。

首先，在资本批判的视域之下，马克思用以理解共同体的第一个逻辑是生产逻辑。按照仰海峰教授的观点，"把社会看作人的本质力量的实现，这是《1844 年经济学哲学手稿》第三手稿的理论基础"②，那么什么是人的本质力量呢？就马克思的哲学而言，人的本质是社会关系的总和，而自由自觉的活动则是马克思对人的本质的规定。那么这种由人的本质出发所产生的力量就必然关联于社会的生产关系与生产实践活动。如此，这种本质的力量就是人参与社会实践进行社会生产的力量。因此，生产的逻辑也就成为了马克思用以理解作为与人的本质具有统一性的共同体的基本逻辑之一。

对此我们可以看到，马克思早期对现实的共同体的批判主要就集中于他对现实的生产力发展到资本主义阶段后所导致的异化现象

---

① 《马克思恩格斯文集》（第 8 卷），人民出版社 2009 年版，第 56 页。

② 仰海峰：《市民社会批判：从黑格尔到马克思》，载《哲学研究》，2018 年第 4 期，第 19 页。

的揭示和批判。遵循着这个逻辑，马克思将现实的社会异化现象总结为四种类型：劳动者与劳动产品的异化、劳动过程的异化、人与类本质的异化、人与人的关系的异化。并将这四种异化现象归结为现实社会生产条件所导致的结果。换言之，这些异化现象是由于人在生产实践的过程当中，由于异化的生产劳动导致的。而人的生产条件和异化的生产劳动则是由现阶段的生产力和生产关系、所有制决定的。因此，这种对于市民社会导致异化现象的批判就等同于对现阶段的生产方式的批判。

马克思继续沿用了这一批判思路，他在《德意志意识形态》中指出："市民社会这一名称始终标志着直接从生产和交往中发展起来的社会组织，这种社会组织在一切时代都构成国家的基础以及任何其他的观念的上层建筑的基础。"①依据于马克思的观点，市民社会最终决定了政治国家，而真正决定市民社会的，则是社会生产。按照这种逻辑，社会生产以及其产生的物质力量最终决定了"虚幻的共同体"的现实状态。尽管"虚幻的共同体"并不理想，但是马克思要做的并不是像黑格尔等人一样对其残酷的现实状态进行美化和鼓吹，而是彻底地戳破其伪善的面纱，并且指出若想真正地解决现实的共同体所存在的问题，只有切实地发展生产力、改变生产关系、变革所有制形式，从而改善人的生产条件。而生产条件的发展和改善则不仅仅是生产力自身的发展和变革，它必须是生产方式的整体变革。"共同体以主体与其生产条件有着一定的客观统一为前提的，或者说，主体的一定的存在以作为生产条件的共同体本身为前提的所有一切形式（它们或多或少是自然形成的，但同时也都是历史过程的结果），必然地只和有限的而且是原则上有限的生产力

① 《马克思恩格斯选集》（第 1 卷），人民出版社 1995 年版，第 130—131 页。

的发展相适应。"①

只有这样来理解马克思的共同体思想，其理论的内在逻辑才是融贯的。这种由生产推导出来的逻辑关系可以具体分为如下几点：

第一，现阶段的物质生产劳动的发展造就了现实的共同体所采用的所有制形式和一切制度形式，这也成为了人的异化劳动的现实条件；

第二，现存的所有制形式和制度则导致了共同体内部生产条件要求进行社会分工，也可以说是现实的所有制下的生产方式诉求了社会分工；

第三，社会分工的完成则塑造了现实的阶级划分和阶级对立。

这样，马克思用以理解共同体发展的生产逻辑就自然地显现出来。

另一个在资本批判视域下理解马克思共同体思想的逻辑是资本逻辑。对资本逻辑的理解要深入到马克思对资本和资本社会的界定中去。在《资本论》当中，马克思并没有重复他在《德意志意识形态》时期有关市民社会的批判，而是用另一种批判形式——资产阶级社会批判来代替了市民社会的批判，从而完成了他以资本逻辑来理解共同体的理论思路。马克思借用韦克菲尔德的观点，指出："资本不是一种物，而是一种以物为中介的人和人之间的社会关系。"②在现代社会，资本成为一种中介物，这导致了现代社会当中个人与共同体之间的分裂，同时这也成为导致一系列共同体的现实问题的现实原因。

那么什么是以资本作为中介物的社会呢？马克思将其定义为资本社会。资本社会的具体特点表现如下：第一，资本社会首先是具

---

①《马克思恩格斯文集》（第8卷），人民出版社2009年版，第148页。

②《马克思恩格斯全集》（第44卷），人民出版社2001年版，第877—878页。

有黏附性的。当马克思指出孤岛上的鲁滨逊仍然说到底是一个英国人时，鲁滨逊显然没有处于当时英国社会的生产劳动当中。同时孤岛上的鲁滨逊也不可能参与任何的英国，甚至是任何资本主义国家、社会的劳动实践。然而鲁滨逊仍然是一个英国人。因为，鲁滨逊是一个背负资本条件的生产者，尽管他没有能力参与本应该属于他的社会生产实践，然而由于他来自于那个共同体，因此他曾经的存在方式和社会生产关系就被他带到孤岛上来。他可能仍然有资产留在英国，可能在英国留有债务，可能由于滞留孤岛而违背了某些劳动合同，可能由于滞留孤岛，他的亲戚朋友要花更多的钱来找寻他，或者可能他的儿女已经继承了他的资产等等。鲁滨逊作为曾经存在于资本社会的个人，他的消失并不是一声不响的，他本人有过的一切资本关系都继续在那个他存在过的以资本关系为中心的共同体当中发挥作用。由于孤岛上只有他一个人，因此他在孤岛上的一切生产活动都不属于那个他曾经存在过的资本社会，而由于他一个人的缘故，在孤岛上没有任何其他人会与他一起创立一种新型的关系模式，因而也就没有一个新的共同体形式产生的条件。第二，资本社会除了有这种将个人绑定在它自身当中的黏附性之外，还具有一种扩张性。这意味着市民社会是一个以资本为核心的不断向外扩张的共同体。依据于马克思在《资本论》当中所说："资本主义生产过程是社会生产过程一般的一个历史地规定的形式。而社会生产过程既是人类生活的物质生存条件的生产过程，又是一个在特殊的、历史的和经济的生产关系中进行的过程……资本主义生产过程像它以前的所有生产过程一样，也是在一定的物质条件下进行的，但是，这些物质条件同时也是各个个人在他们的生活的再生产过程中所处的一定的社会关系的承担者……它们是由资本主义生产过程生产和再生产的。"①

这种再生产的特性造就了资本社会的不断扩张性。事实也证明，资本社会由于其不断对更加庞大的资本市场的追求，其自身的内在需求就必然是向外扩张的。在当今世界，新兴的资本市场和旧有的资本帝国之间不断发生的冲突和矛盾，正是这种资本市场自身扩张性的当下历史表现。由于在资本社会当中，生产者们"借以进行生产的各种关系的总体，就是从社会经济结构方面来看的社会"②，因此，资本社会必然会导致人的异化。实际上，这种资本逻辑是延续了生产逻辑的结果。这也是为什么马克思在《资本论》当中对资本主义进行批判时，要重点强调生产力和生产关系要相适应、相一致的现实原则。与此同时，在现存的资本主义生产条件之下，由于生产方式导致的异化现象的广泛存在，现存的共同体形式也只能是异化现象广泛存在的"虚幻的共同体"，而非"真正的共同体"。

从生产逻辑到资本逻辑，马克思的共同体思想在资本批判的视域之下就拥有了两种互相衔接、相互补充的理解方式。

四、马克思共同体思想的内在统一性及其在
马克思政治哲学中的理论定位

（一）个人与共同体的对立统一

个人与共同体之间的关系问题一直以来都是政治哲学家们在集中探讨共同体时必须要正面面对的重要问题。按照对马克思共同体概念的广义理解，"不管个体与共同体之间的关系处在何种状态之

———————

① 《马克思恩格斯全集》（第 46 卷），人民出版社 2003 年版，第 926—927 页。

② 《马克思恩格斯全集》（第 46 卷），人民出版社 2003 年版，第 927 页。

中，个体始终是要在一定的共同体内进行生产实践活动，个体的生存离不开共同体，共同体是现实的人的存在样式"①。按照对马克思共同体概念的规范性理解，个人的价值实现始终与共同体的价值实现联系在一起。毫无疑问的是，无论是在《1844 年经济学哲学手稿》中，还是在《资本论》中，个人与共同体之间的关系问题都有着独特的对立统一性。

马克思在早期的《1844 年经济学哲学手稿》中明确指出："首先应当避免重新把'社会'当作抽象的东西同个体对立起来。"②这里，马克思已经明确地并且有意识地开始强调个人与共同体之间的非对立性。并且马克思的共同体思想在《1844 年经济学哲学手稿》时期还带有着鲜明的人本主义色彩，他强调："人是一个特殊的个体，并且正是他的特殊性使他成为一个个体，成为一个现实的、单个的社会存在物"。③可以清楚地看到，虽然每一个具体的个人都被马克思视为"特殊的个体"，但是一切现实的、单个的个人都无疑是"社会存在物"。个体与共同体的现实的统一性在这里得以彰显。之所以要强调这种现实的统一性，正是因为这与黑格尔关于个人与共同体的抽象的统一性存在着巨大的不同。这里的马克思已经彻底抛弃了以"自我意识"为出发点的抽象性普遍原则，因此也就同时将个人与共同体的抽象的统一性还原为具体的个人与共同体之间的现实的统一性。在随后的《德意志意识形态》中，马克思更是明确地讲道："一些现实的个人，是他们的活动和他们的物质生活条件，包括他们已有的和由他们自己的活动创造出来的物质生活条件。"④

①明沁怡：《马克思视域下个体与共同体分裂问题的根源》，载《哲学进展》，2015 年第 4 期，第 55 页。

②马克思：《1844 年经济学哲学手稿》，人民出版社 2000 年版，第 84 页。

③马克思：《1844 年经济学哲学手稿》，人民出版社 2000 年版，第 84 页。

④《马克思恩格斯选集》（第 1 卷），人民出版社 1995 年版，第 67 页。

可见，这种理解是从历史唯物主义的角度出发的，因此才有了对"自然的共同体""虚幻的共同体"和"真正的共同体"这几个历史不同阶段上的共同体形式的表述。然而，虽然马克思也在一定意义上表明了，这些共同体形式内部的秩序原则都是由其所处的特定历史时期的社会生产力条件所决定的，但是他却没有具体去说明这些共同体形式与它们自身的生产力条件之间的关系是如何影响到共同体与个人的统一性关系的。从这个意义来说，马克思对"虚幻的共同体"的认识和批判，就是基于个人与共同体之间的现实关系的批判。这在一定程度上解释了为什么马克思认为现实的政治国家形式的共同体是"虚幻"的。因为，目前的政治国家的共同体内部的"集体利益"并不能代表其内部的个人利益。具体来讲就是，这种共同体所代表的是统治阶级的特殊利益（资本家的利益），而非被统治阶级的普遍利益（包括劳动者在内的除资本家以外的个人），因此，这种共同体的集体利益并不完全等于共同体内部的所有个人的个人利益，这就造成了共同体与个人之间现实利益的根本对立。由于个人又始终无法离开共同体而生存，那么个人与共同体之间利益的现实的统一性在现阶段的政治国家共同体的条件下就是无法实现的，政治国家对个人利益的承诺只能是一种"虚幻"的承诺。因此政治国家形态的共同体只不过是"虚幻的共同体"，而非"真正的共同体"。

既然马克思已然认定，在资本主义的统治之下，个人的利益与共同体的利益之间存在着根本上的对立，那么个人与共同体之间的现实统一性还存在么？在马克思看来，这种现实的统一性还是存在的，只不过它是被异化了的统一性。一方面，个人离不开共同体的生活方式，"人是社会关系的总和"；另一方面，人的现实的社会劳动和社会分工都需要在共同体中才能得以完成，在异化了的共同体当中，个人表现为异化了的个人，因此个人与共同体之间的统一性也被异化了。

要明确个人与共同体之间的现实统一性，就要首先明确马克思是如何谈论个人以及如何界定共同体的。马克思眼中的个人是唯物史观上的个人，其共同体也是唯物史观上的共同体。这就使得其共同体思想在一定意义上就是关于人的解放、人的发展和人的自由的实现的一种理论。之所以说马克思所谈的个人是唯物史观上的个人，是因为马克思所谈的个人并非抽象的个人，而是现实的有血有肉的个人，是与人的感性的生产实践活动紧紧联系在一起的个人。从感性的生产实践活动出发来谈个人，这就决定了，马克思是在社会关系之中来谈论个人的，亦即是在共同体的环境之下才能够定义个人并且谈论个人："不管个人在主观上怎样超脱各种关系，他在社会意义上总是这些关系的产物。"[①]这在一定程度上引起了许多理论家们误以为在马克思的思想当中社会关系是必须先于个人存在的，因此误认为其从来就没有关于个人的理论。之所以说这是一种误解，是因为持该种观点的理论家们似乎没有看到马克思关于个人的明确论点。马克思在 1846 年 12 月于布鲁塞尔致帕维尔·瓦西里耶维奇·安年科夫的信中写道："历史随着人们的生产力以及人们的社会关系的愈益发展而愈益成为人类的历史。由此就必然得出一个结论：人们的社会历史始终只是他们的个体发展的历史，而不管他们是否意识到这一点。他们的物质关系形成他们的一切关系的基础。这种物质关系不过是他们的物质的和个体的活动所借以实现的必然形式罢了。"[②]从信中来看，马克思从未否定过人作为个体在社会历史当中的现实意义，甚至可以说，个人在马克思的历史理论当

---

① 《马克思恩格斯文集》（第 5 卷），人民出版社 2009 年版，第 10 页。

② 《马克思恩格斯文集》（第 10 卷），人民出版社 2009 年版，第 43 页。

中占据着重要的位置。而共同体的基础就在于个人与个人之间的物质的生产实践关系。因为马克思讲个人之间的"物质关系"是形成一切关系的基础，这其中当然也就包括作为生产实践关系的关系模式这一构成共同体的基础。也因此，个人在共同体中所表现出来的个人之间的关系也与其他关系一样，是他们的物质的和个体的活动所借以实现的必然形式。而反过来，前一代人创立的社会形式，亦即是前一代人的共同体形式，也与其他"物质关系"一道，构成了人们的"历史中的联系"、形成人类的历史，并且"愈益发展而愈益成为人类的历史"。由此观之，在这一时期的马克思的共同体思想当中，共同体与个人之间的联结之处就在于物质关系，而这种物质关系是被社会生产实践彰显出来的。因此可以看到，马克思对于个人与共同体的论述最终被社会生产力和社会生产实践的物质关系整合在一起。

对于这个问题的系统理解是在《资本论》中完成的，并且体现在对资本社会的批判当中。对资本社会的批判就是马克思将市民社会这一资本主义时期所形成的共同体形式放置在资本社会的历史当中，从资本主义生产方式出发，对个人在其中的生活状态的理解和批判。这也是为什么马克思在《资本论》第一卷就开始讨论"商品拜物教"的原因。因为"商品拜物教"就是在市民社会中形成的，而商品拜物教的主体就是"拜物"的个人。市民社会这种共同体形式所具有的显著特征就是：在市民社会中，个人对资本趋之若鹜。在晚期《资本论》当中，马克思找到并且确定了个人与共同体之间统一性的现实来源，亦即这种统一性的现实的物质基础来源，这就是人的劳动过程。马克思在《资本论》中指出："劳动过程……是人类生活的永恒的自然条件……它为人类生活的一切社会形式所共有。"①在资本社会当中，个人是被异化了的，而共同体是"虚幻的"，个人与共同体之间的关系也就表现为一种异化的统一性关系。而马克思的共同体思想，其主要目的就是为个人与共同体的自由和全面发展寻找一个可能的物质生产实践条件。如邵发军就认为："马克思考察'虚幻的共同体''抽象的共同体''自然的共同体'和'真正的共同体'的出发点和归宿点就是为个人的自由而全面的发展找寻一个合理的反映个人发展的真正条件。"②为了强调个人与共同体之间是现实社会生产的物质关系而不是抽象的联系，马克思还指出："社会结构和国家总是从一定的个人的生活过程中产生的。"③这种个人与共同体之间的现实统一性的思考，不仅仅是从个人出发向共同体的单向度思考，还包括着从共同体出发向个人的反向思考，可以说，在马克思的共同体思想当中，这种个人与共同体之间的现实的统一性是一种辩证的双向思考的结果。

因此，依据于马克思的共同体思想，个人与共同体之间的关系是对立统一关系。依据于个人与共同体之间的这种对立统一关系，我们可以在一个非常恰当的角度寻找到现代性问题的根源——资本主义的社会生产实践和物质条件下，个人与共同体的双重异化。因为"现代生产就是在资本主义雇佣劳动条件下不断产生出异化后果的资本主义生产"，这"不仅包括现代的劳动过程的普遍的物质内容，还包括现代的生产关系即资本关系这一特定的社会形式"④。

---

① 《马克思恩格斯文集》（第 5 卷），人民出版社 2009 年版，第 215 页。
② 邵发军：《马克思的共同体思想研究》，知识产权出版社 2014 年版，第 55 页。
③ 《马克思恩格斯选集》（第 1 卷），人民出版社 1995 年版，第 101 页。
④ 郗戈：《超越资本主义现代性——马克思现代性思想与当代社会发展》，中国人民大学出版社 2014 年版，第 97 页。

（二）伦理意涵

在政治哲学史当中，思想家们对于共同体问题的讨论主要集中于两个方面：要么是出自对于人们的共同的生存空间的讨论，要么是引向对人们的共同的价值追求的讨论。共同体作为一种人的集合体，是用来区分人的个体性存在方式与人的群体性的存在方式的集合概念。进一步地来说，共同体概念的核心意义就在于，作为一种人的集合体，它强调了人与人之间所产生的关系模式和交往内容。也因此，伦理原则和道德标准作为人与人之间的交往原则，维持着共同体的内部秩序，其必然会成为在探讨共同体时无法回避的重大问题。按照麦克莱伦的观点，"任何一种体系宏大且有规范性的政治理论，其中必定存在明显或有力的道德维度……如果缺少这方面，那么这种政治理论的影响力也会受到限制。而这也许正是马克思的政治哲学近两个世纪以来没有得到充分重视和理解的原因之一"①。因此，深入思考马克思共同体思想的伦理价值能够为马克思主义的政治哲学、马克思主义的伦理学以及马克思主义的整个哲学提供出一种更具吸引力的道德维度和理解方式。当个体的私人生活与共同体的公共生活发生普遍的联系时，共同体作为这种普遍联系的表述方式，其自身所蕴藏的伦理意涵就必然彰显出来。这是当今马克思主义理论研究当中没有被充分讨论的内容。

沿着个人与共同体之间的统一性关系继续做出延伸理解，就必须要对马克思共同体思想的伦理价值进行思考，即马克思的共同体思想是否存在一种伦理意涵。事实上，对于马克思的哲学是否存在规范性的伦理维度一直以来是存在争议的。反对马克思的哲学存在道德观点的学者们一般都是从马克思最直白的文本出发，发现马克

---

① 李义天、张霄：《马克思主义伦理学何以可能——访英国肯特大学戴维·麦克莱伦教授》，载《江海学刊》，2018 年第 5 期，第 55 页。

思的文本当中有着大量的反道德论述。比如，在《道德化的批评与批评化的道德》中，马克思就指出道德在阶级斗争中是无用的；在《民主的泛斯拉夫主义》中，恩格斯又指出，马克思认为道德在民族斗争中是无用的；在《路德维希·费尔巴哈和德国古典哲学的终结》中，恩格斯更指出，于马克思这里，道德在任何情况都是无用的。随着塔克—伍德命题的提出，关于马克思是否存在一种规范性的正义理论更是直接引起了当代有关马克思的政治哲学和伦理学的反思热潮。关于塔克，他在《卡尔·马克思的哲学与神话》以及《马克思的革命观念》当中相继提出，马克思的哲学缺乏一种永恒普遍的正义原则。关于伍德，在《马克思对正义的批判》当中指出，马克思认为正义只是"法权"或"法律体系"的规定。

然而这些都并不能说明马克思没有一种道德观点或者伦理观念。虽然在马克思的文本当中可以看到类似道德观念最终被经济基础所决定的"机械主义挑战"，然而这只是在"最终"的意义上来决定的，它既不是"直接"反应，也不能"直接"还原。事实上，从经济基础到道德观念，中间隔着许多环节。经济基础是根本原因，而道德则有它自身存在的经济基础上的"原因"，因而道德并不是不合理的。按照马克思的历史唯物主义理论的理解，任何时代都有其时代的道德精神，这可以在马克思许多批判现实的不正义的相关文本中找到证明。只不过，只有在共产主义的时代，道德才是完美的，甚至是不需要"道德"这个概念来彰显其道德性的。另外，虽然许多道德原则都是特定历史的产物，进而经常被马克思认为是历史的暂时的产物，但是，这些道德原则的暂时性并不妨碍我们论证其客观性。因此，承认道德的历史因果性和依附性，这只是在否定它的独立性，而非否定它的客观性。从客观性上来说，规范性的道德是我们这种人类（智人）的发明，不以规范性方式来生活是不可想象的。按照李义天的理解，在马克思的哲学当中，当马克思反对道德时，道德是马克思所谈论的对象；而当我们说马克思有一种道德观点时，道德是马克思的谈论方式。马克思的共同体思想恰恰就是这样一种带有伦理意涵的讨论方式。

我们已经从概念上将马克思的共同体思想分为广义和狭义的共同体这两个层面，以及在理解维度上将其分为认知性和规范性这两种维度。当马克思在一种广义上来使用共同体概念时，并没有对其在使用该概念时所指称的具体内容做出严格限制。也就是说，马克思在广义上所使用的共同体概念，就是将其作为一种一般规定性下所指的共同体概念，因此其背后所蕴藏着的就是一种一般性的伦理规范。我们可以从马克思在论述共同体时的如下表述中看到这种一般性的伦理表述："自然界的人的本质只有对社会的人来说才是存在的……社会是人同自然界的完成了的本质的统一，是自然界的真正复活，是人的实现了的自然主义和自然界的实现了的人道主义。"①因此，共同体所表现出来的一般性的伦理表述就是一种"人的实现了的自然主义和自然界的实现了的人道主义"。

与广义的共同体概念不同，狭义的共同体概念具有其特定的内容指向性。当马克思在一种狭义上来使用共同体概念时，他一定已然对其所指称的内容作出了严格的规定。并且不同于广义的共同体概念的是，狭义的共同体概念的出现不仅仅要与家庭、民族、宗教、社会、国家、市民社会以及共产主义等其他具有共同体性质的相关概念进行替换和交替使用，它还进一步与这些相关概念进行具体的对比或类比，因此，其所关涉的伦理内涵也表现得更加具体。对此，我们从马克思的如下表述中可见一斑："现代国家承认人权和古代国家承认奴隶制具有同样的意义……民主代议制国家和市民

①马克思：《1844年经济学哲学手稿》，人民出版社2000年版，第83页。

社会的对立是社会共同体和奴隶制的典型对立的完成……这种市民社会的奴隶制在表面上看来是最大的自由，因为这种奴隶制看上去似乎是尽善尽美的个人独立。"①这里所出现的"社会共同体"的概念就是一种狭义上的共同体概念，它以一种类比的形式出现在这里，用来指涉在现代国家与市民社会的分离过程中所产生的新型的共同体及其内部的关系模式。在这里，"奴隶制"就是马克思对于该种共同体做出的道德判断。以一种超越性的道德和伦理意义来看，不论是现代国家还是古代国家都是一种"奴隶制"。

从共同体的价值维度上来看，当马克思强调真正的共同体的价值时，其表述则与经典社会学理论家涂尔干、滕尼斯等人将共同体拿来与自由等价值相比较的论述形式类似，阐释了一种马克思心目之中理想共同体的伦理追求——人的自由的全面复归。如马克思在对"真正的共同体"进行设想时这样表述到："只有在共同体中才可能有个人自由。"②此外，无论是"自然形成的共同体"还是"虚幻的共同体"，其二者背后都存在着他自身的伦理规则和价值判断。虽然马克思对这两种共同体形态持有批判态度，但是马克思并没有否认其二者背后也有着自身的伦理规则和价值。马克思始终承认，在各个历史时期以及各个社会阶段下的共同体形态都表现出相异的内部伦理规则。比如，在对自然的共同体的论述当中，其对自然的共同体之下所表现的财产占有原则这样表达到："土地是共同体的财产……每一个单个的人，只有作为这个共同体的成员，才能把自己看成所有者或占有者。"③在表述虚幻的共同体的人权时，则可以从如下这段看出："这种权利就是参加共同体，确切地说，就是参

① 《马克思恩格斯文集》（第1卷），人民出版社2009年版，第316—317页。
② 《马克思恩格斯文集》（第1卷），人民出版社2009年版，第199页。
③ 《马克思恩格斯文集》（第8卷），人民出版社2009年版，第124页。

加政治共同体，参加国家。这些权利属于政治自由的范畴，属于公民权利的范畴。"①

正如麦克莱伦所说："或许能够从马克思的'人的本质'观念中得出一些道德原则……这些道德原则必定涉及最一般的生产资料所有制。这是道德原则的基础。随之而来的观念便是，相比于在竞争的社会而言，人类应当并将更加频繁地共同协作。您可以将之称为'协作原则'。"②而马克思的共同体思想则为这种"协作原则"提供了它应当存在的场域。

（三）共同体思想在马克思政治哲学中的理论定位

乍看上去，共同体思想似乎仅仅是马克思政治哲学当中的一个附属品。持有这种观点其实并不奇怪。因为无论如何，我们都没有找到马克思在任何地方以共同体概念为标题或者核心议题来完成的文章或著作。我们所有的有关于马克思共同体思想的研究以及我们能够看到的相关概念的文本，都是散见于马克思的主要作品当中的。但是，事实上当我们反观我们所熟悉的辩证法思想和唯物史观时就会发现，我们所熟识的这些马克思哲学的核心内容也没有被马克思作为单独独立的标题来进行过讨论。或者说，这些思想也并没有相关的特定的主题性著作，而我们却仍然可以从马克思哲学的总体出发，梳理出了作为马克思哲学核心和灵魂的辩证法和历史唯物主义理论。当然，共同体思想并非像辩证法那样解决了方法论的问题，也并没有像唯物史观那样表达一种最为基础性的世界观和认识论。然而，我们可以清晰地看见辩证法在马克思的共同体思想当中

---

① 《马克思恩格斯文集》（第 1 卷），人民出版社 2009 年版，第 39 页。

② 李义天、张霄：《马克思主义伦理学何以可能——访英国肯特大学戴维·麦克莱伦教授》，载《江海学刊》，2018 年第 5 期，第 50—51 页。

的有效运用，我们也可以看到其表达了一种完整的社会历史的观点，形成了具有其自身特色的社会发展体系。因此，共同体思想在马克思的政治哲学中无处不在。其所折射出来的关于现实社会的形态、价值等方面的理论问题，正是我们当代政治哲学领域所关注的核心问题。

马克思的共同体思想就其唯物史观来说，有其自身的历史规律，如由"自然的共同体"发展到"虚幻的共同体"再到"真正的共同体"的历史进程；就其辩证法的特点而言，其强调了个人与共同体之间的辩证统一性关系；就其政治哲学意涵及其伦理价值而言，马克思的共同体思想有着对个人自由与共同体的统一性的价值追求，有着受制于社会历史发展的共同体形式与具有超越性的共同体价值相结合的特点。当马克思在对旧哲学进行批判时，他借助于对现实的共同体关怀这样说道，"哲学家们只是用不同的方式解释世界，问题在于改变世界。"①当马克思在对自己的新唯物主义进行界定时，他借助于共同体思想这样说道："旧唯物主义的立脚点是市民社会，新唯物主义的立脚点则是人类社会或社会的人类。"②当马克思在论述辩证法在现实当中的实际运用时，他借助于现存的共同体内部所存在的矛盾这样说道，"辩证法不崇拜任何东西，按其本质来说，它是批判的和革命的"③，因此"使实际的资产者最深切地感到资本主义社会充满矛盾的运动的，是现代工业所经历的周期循环的各个变动"④。当马克思在诉说人类历史以及历史观时，他借助于人在共同体中的生活状态这样说道："所谓必不可少的需要的范围，和满足这些需要的方式一样，本身是历史的产物，因此

①《马克思恩格斯文集》（第1卷），人民出版社2009年版，第502页。
②《马克思恩格斯文集》（第1卷），人民出版社2009年版，第502页。
③《马克思恩格斯全集》（第44卷），人民出版社2001年版，第22页。
④《马克思恩格斯全集》（第44卷），人民出版社2001年版，第23页。

多半取决于一个国家的文化水平，其中主要取决于自由工人阶级是在什么条件下形成的，从而它有哪些习惯和生活要求。"①当马克思提出一种实践的观点和实践的唯物主义时，他借助于共同体的现实本质说道："全部社会生活在本质上是实践的。凡是把理论引向神秘主义的神秘东西，都能在人的实践中以及对这种实践的理解中得到合理的解决。"②当马克思在讨论个人自由和自我实现时，他更是针对个人与共同体之间的统一性关系直接说道："只有在共同体中，个人才能获得全面发展其才能的手段，也就是说，只有在共同体中才可能有个人自由"③。

综上所述，马克思的共同体思想是内在于马克思的历史唯物主义理论的，其最终指向是作为应然的共产主义的实现。马克思的政治哲学是关于现实的人类社会的实践哲学，而马克思的共同体思想以其自身独特的诉说方式，成为了马克思政治哲学的重要组成部分。

---

① 《马克思恩格斯全集》（第 44 卷），人民出版社 2001 年版，第 199 页。
② 《马克思恩格斯文集》（第 1 卷），人民出版社 2009 年版，第 501 页。
③ 《马克思恩格斯文集》（第 1 卷），人民出版社 2009 年版，第 571 页。

第五章
马克思共同体思想的当代阐释与论辩

作为马克思政治哲学的重要组成部分，马克思的共同体思想对当代政治哲学产生了重要影响。当代政治哲学的诸多流派都对马克思共同体思想及其理论问题展开了论辩。虽然当代政治哲学不断涌现出各种学说和流派，但是，这些论点不一的当代政治哲学理论，"从根本上看，仍可归到自由主义与社群主义这样两类基本倾向上去"[①]。英美分析的马克思主义思想"作为一种规范政治理论的马克思主义的诞生"[②]，在当代马克思政治哲学的理论阐释中占据主流位置。因此，自由主义、社群主义与英美分析的马克思主义的相关理论就成为在探析当代政治哲学对马克思共同体思想的阐释与论辩时绕不开的理论内容。

[①] 龚群：《自由主义与社群主义的比较研究》，人民出版社 2014 年版，第12 页。

[②]〔加〕威尔·金利卡：《当代政治哲学》，刘莘译，译文出版社 2015 年版，第 215 页。

一、自由主义的质疑与诘难

自由主义的政治哲学所要捍卫的核心理念就是个人权利。围绕着个人与共同体的关系问题，自由主义从个人权利出发，展开了对包括马克思的共同体思想在内的一切坚持共同体本身具有价值的政治哲学的质疑与诘难。

（一）自由主义对个人权利的彰显

自由主义坚持基于个人权利的自由。这种对于个人权利的彰显并非是当代自由主义的政治哲学所独有的。向前追溯就可以发现，早在古希腊时期就有其理论的渊源。如普罗塔哥拉说"人是万物的尺度"，这从自由主义的视角来看，就是一种将个人的价值、尊严及权利放置于政治哲学顶端的一个自由主义的命题。

由于自由主义长期在西方政治哲学中占据着至关重要的地位，使得自由主义政治哲学有着其自身的庞大谱系，自由主义内部的某些划分界限变得格外模糊，以至于"让人难以确定某些政治思想家是不是自由主义者（例如霍布斯、康德、黑格尔、柏克）"①。自由主义者们自身所关注的"自由"的命题及其所针对的"不自由"的立场是伴随着历史条件和现实问题而变化的，在不同的历史时期，自由主义的理论对象和核心关切也是迥异的。我们不能说古典时期的自由主义的核心关切与现代自由主义的核心关切是一致的，也不能说天主教国家的自由主义者与新教国家的自由主义者所关注

①〔英〕戴维·米勒：《布莱克维尔政治思想百科全书》，邓正来译，中国政法大学出版社 2011 年版，第 321 页。

的问题是一致的。当代自由主义政治哲学理论关注的重心在于个人权利在政治共同体中的有效保障和实现。这种对于个人权利的现实关切直接来源于现代自由主义对政治的质疑。尤其是经历了两次世界大战以后，在面对极权政治和纳粹主义出现后的全球政治生态，自由主义者对一切政治共同体干涉或指导经济的政策方针都采取了警惕或敌对的态度。在二十世纪中叶，以哈耶克、波普尔和以赛·亚柏林为代表的自由主义者们复兴了古典自由主义。在这段时期内，自由主义者的理论在很大程度上成为一种有别于社会主义者的意识形态。20 世纪 70 年代以后，罗尔斯的《正义论》出版，在标志着当代西方政治哲学的全面复兴的同时，也标志着自由主义的理论内容在当代有了里程碑式的发展，其政治哲学也随之转向了对于规范性问题的讨论。

罗尔斯打造了一种一切价值都从个人权利出发进行考量的自由主义，并且最终将共同体的价值也置于个人权利之下。罗尔斯同时重新整合了契约论的理论方法以及康德的自主性概念，从而让平等主义和自主性成为自由主义的基本价值。为此，他对自由主义最重要的理论贡献就在于复活了契约论传统所强调的对于个人权利的最大限度的平等自由原则。由于契约论赋予个人以原初状态下的否决权，那么个人的自由就只能被他人的自由所限定，亦即罗尔斯所认为的自由只能因为自由而被限制。这种平等自由原则最终起到了一个最为宽泛意义上的对个人权利的规范性作用，同时，个人权利也在这种规范性作用下被放置在首位。遵循着罗尔斯的正义原则，自由主义的正义是以个人权利为基础的正义。相比于共同体而言，个人自由的价值在这种形成契约的原初状态之下完全得到了彰显。

与罗尔斯相似，德沃金也是重视平等原则的自由主义者，他也以个人权利为基础来建构他的平等原则。在他看来个人权利是首要的，集体目标是能够促进社会全体成员（每一个个人权利）的普遍利益。与罗尔斯"权利优先于善"的规范性正义理论相似，德沃金提出了"原则优先于政策"的观点。德沃金指出"原则的论证意在确立个人的权利，政策的论证意在确立集体目标"[①]，个人权利必然要优先于集体目标。因此，作为公民的个人反对政府和国家就被视为是合法的。虽然德沃金是在一种规范性意义上讨论个人权利优先性原则，但是他并不认为个人可以无限制地反对国家和政府，这种个人对共同体的反对应当依据于规范来实行，亦即德沃金所强调的基本法——即宪法来施行。德沃金主张为了保证个人权利的绝对优先性，要求宪法的制定必然要有一个平等的个人权利对其创设的先在过程，这一点表达了德沃金与洛克以来的古典自由主义者是一脉相承的。

无论是罗尔斯还是德沃金，他们对于个人权利的推崇都是以平等原则为基础建构起来的。与他们不同，诺齐克将个人权利当中的自由原则（而非平等原则）推至顶点，结果产生了"自由至上主义"。由于个人的自由原则在诺齐克这里占有至高无上的地位，因此诺齐克更加注重对个人权利优先性原则的彰显，他指出："个人拥有权利，有些事是任何其他人或者任何群体都不能对他们做的。"[②]在诺齐克看来，罗尔斯的分配正义过于注重"再分配"，这会导致给予再分配支持的那些给予者的利益受损，并且没有考虑他们是否愿意主动给予。诺齐克认为，分配正义对于处境差的人自然是一个好消息，但是对于处境好的人来说，他们的利益则被当成"正义"的手段，因此这是一种破坏个人权利优先性的表现。诺齐

---

① Ronald Dworkin, *Taking Rights Seriously*, Harvard University Press, 1977, p.90.

②Robert Nozick, *Anarchy*, *State and Utopia*, Basic Books, 1974, P.IX.

克批评传统的社会契约论，认为国家仅仅是一个自然的形成过程，不存在个人权利的转让，也不会出现任何的社会契约，全体公民的一致同意仅仅是社会契约论假想出来的虚幻的情况。尽管诺齐克的种种主张备受质疑，但是诺齐克对个人权利的这种极端推崇却比任何自由主义者都更加鲜明地代表了他们的立场——对个人权利地位的最大程度上的推崇。

（二）自由主义对"真正的共同体"的质疑与诘难

在自由主义者这里，共同体彻底失去与个人相提并论的位置，基本上沦为个人实现自身权利和利益的附庸，其所扮演的角色要么是在规范性的正义原则之下被约束的对象，要么则完全是一个服务个人权利的松散的"看不见的手"。共同体本身的意义—价值是一个没有意义的问题。

从正义原则出发来看罗尔斯的共同体观念，就可以发现罗尔斯用以建构共同体的出发点：为了对个人负责、保护个人的相应的权利和利益，因此需要一种共同体式的合作体系来确保人们能够各自追求自身利益。龚群教授指出，"罗尔斯的共同体观念从根本上说是一种先在性的个人主义观念，即从个人的权利出发来建构共同体（社会合作体系）"[①]。事实上，这可以追溯至契约论的共同体理论。从个人出发的"社会合作体系"表现为不同类型的共同体，如家庭和社团；"社会合作体系"还具有不同的规模，从微小的家庭到巨大的国家；这种"社会合作体系"也有不同的时间和空间分布。也就是说，在一个社会里，存在着各种各样的"社会合作体系"，因此也就存在着各式各样的共同体类型。在个人主义的正义

---

① 龚群：《罗尔斯与社群主义：普遍正义与特殊正义》，载《哲学研究》，2011年第3期，第118页。

原则以及"社会合作体系"的共同作用下，罗尔斯走向了康德式的"世界公民"路径。罗尔斯在《万民法》中提出了一种国际正义的理论，并将之视为世界范围内的个人（世界公民）之间的联合原则和正义标准，亦即世界共同体的国际秩序。同时，罗尔斯还很明确地把平等尊重和促进人权在全世界范围的落实设想为国际正义的基本原则和指导方针。他的国际正义理论包括三个基本思想[①]，大致可以概括为：富裕社会向其他社会的援助、政府对个人生存权等基本权利的尊重以及寻求有组织的国际合作原则。

　　由此可见，罗尔斯的根本目的是要建立一个以个人主义的正义原则为基础的国际秩序，或者说，罗尔斯希望从个人主义的正义原则出发建立一种世界共同体的规范和原则，从而保证每一个作为世界公民的个人成为世界共同体联合下的个体，其基本需要都能够通过诉诸国际秩序得以有效的保障和满足。世界共同体、国际秩序都应当是为个人服务的，最终的利益落脚点必须是作为世界公民的个人。罗尔斯说："世界正义关注的是个体的福利，并因此关注全球范围内的处境最不利者的福祉是否得到了改善。"[②]这样，罗尔斯的共同体观念就是十分明确的。在罗尔斯的世界共同体中，世界共同体必须提供这样一种实现正义原则的条件，使得世界公民作为平等自由的个体，在世界共同体当中依据于国际正义的原则讨论彼此之间的相互联系，并且其讨论的"万民法"的内容必然要包含个人主义的自由政治理念原则和理想。罗尔斯将正义原则扩展到全世界范围内的理论尝试，就其对共同体理论的意义而言，有着强烈的世界主义关怀。然而这种世界主义却与马克思对真正的共同体的追求存

---

　　①详细参见：罗尔斯：《万民法》，陈肖生译，吉林出版集团有限责任公司2013年版代译序，第2页。

　　②罗尔斯：《万民法》，陈肖生译，吉林出版集团有限责任公司2013年版，第161页。

在差别。从罗尔斯的视角来看，马克思的真正的共同体只不过是一种对于共同体价值的乌托邦追求。

与罗尔斯依托正义原则来建构世界共同体的方式不同，德沃金提出了一种建立在个人之间互相尊重基础上的宽容共同体。尊重和宽容既是对自由主义政治中立性的延展，也是自由主义从道德出发对共同体的一种中立性理解。立足于现代社会的多元价值，德沃金提出要在多元价值中保持中立。因此，对宽容的共同体而言，同质性并不是其所追求的共同体目标。当然，这并不意味着德沃金否认在共同体中存在着由文化和传统所形成的道德共识，而是意味着德沃金并不像一些社群主义者那样推崇滕尼斯式的同质性共同体的观念。在德沃金看来，政治共同体与公民个人的统一性应当仅仅存在于政治有机体意义之中，并且仅限于正式的政治决策当中。因此，马克思的真正的共同体也不符合德沃金的共同体观念：一方面，马克思的共同体思想在最终意义上将个人与共同体完全统一起来，然而德沃金却保留了个人与共同体之间的距离，仅仅从政治机体方面打开了一条连接的通道；另一方面，马克思没有关注个人自由实现以后的政治秩序和道德原则问题，认为所谓的道德和法律只不过是资本主义生产条件局限下的统治阶级所制定的虚假秩序，真正的共同体从根本上消除了阶级分化，因此所谓的道德和法律已然不存在了，而人们之间的宽容、尊重等美德也随着自由的实现而变成了虚假的问题。德沃金只是将共同体限制在政治共同体方面，认为个人与共同体之间的分歧对他而言则仅是对道德原则的多元性尊重。

在诺齐克看来，每一个个人都是不同的，因此每一个个人所追求的善的目标和个人价值也是不同的。由于共同体无法满足每一个人对价值的要求，国家因此也不能帮助人们最终实现价值理想。在诺齐克看来，国家的基本功能和目的仅仅是维护整个社会的秩序和安定。国家仅是一种最为广泛意义上的共同体，在国家与个人之间还存在许多形式和规模的共同体，共同体的多元化恰恰可以满足人们对于价值追求的多元化，但是不会出现一个能够完全实现所有人价值追求的统一的普遍的共同体形式。这是与马克思真正共同体观念相背离的。在马克思那里，真正的共同体的价值和个人的价值是完全一致的，并且能够互为代表，这在诺齐克看来是绝不可能实现的。自由主义确实希望对作为共同体的政府的权利加以限制，并且要绝对彰显个人权利的优先地位。但是，这并不意味着自由主义是无政府主义，甚至是作为自由至上主义代表人物的诺齐克，也承认存在一种"最低限度的国家"。自由主义仍然具有一种共同体的观念，只是当他们在面对马克思的真正的共同体时，不禁会提出这样的质疑：既然马克思说要消灭国家、消灭政治，那么马克思的共同体思想是否最终会导致无政府主义的乌托邦呢？

综上来看，自由主义者对马克思共同体思想的质疑与诘难表现在两点：一、作为一种价值统一性的个人与共同体之间的关系是否存在；二、不存在政治规范与道德原则约束的真正的共同体是否会成为一种不可能实现的乌托邦。

二、社群主义的认同与差异

社群主义对于共同体价值的承认与强调可以从其另一种翻译方式——共同体主义——中凸显出来。事实上，之所以将这一流派定义为社群主义，正是基于其对共同体价值的强调。与自由主义将政治哲学的核心理念建立在个人权利之上不同，社群主义将政治哲学的核心关切放置于共同体之上。

（一）社群主义对共同体价值的承认

社群主义者将共同体概念看成是最基本的政治哲学概念。在社群主义者看来，自由主义所提倡的自由完全割裂了个人与共同体之间原本所具有的统一性，个人的自由与共同体的自由应当是内在关联的。

在众多社群主义对共同体问题的当代阐述中，麦金泰尔的共同体理论具有十分鲜明的古典主义特点。麦金泰尔首先将传统的等级社会视为共同体。这里，麦金泰尔明确指出他所说的共同体就是"城邦"。在他看来，自我在传统的等级社会中是依据于出身、等级以及社会地位等得到确认的。个人的出生就决定了其特有的身份和地位，这种确认是源于其社会关系所赋予的行动准则。他说："城邦是其终极而趋于完美和完全的人类社群产物。"[1]由于城邦有着"至善"的目的，因此符合了其内部公民个人自身的价值追求。在麦金泰尔的著作中可以看到，他希望地方性的共同体能够对道德和善起到关键作用，比如，他在《追寻美德》中讲到："现阶段最要紧的，是建构文明、理智与道德生活能够在其中历经已经降临的新的黑暗时代而继续维持下去的各种地方性的共同体形式。"[2]麦金泰尔还指出："任何真正的地方性共同体的政治将必然让自己关心民族国家和国内和国际市场的影响……它也总是不得不在所有处理国家的政治和市场经济时保持谨慎和对抗。"[3]在追求美德的过程当中，麦金泰尔重点讨论了个人与共同体之间的关系问题。他认为，可以通过美德来实现个体与共同体的统一。当每个人都尽一切办法

---

① Alasdair MacIntyre, *Whose Justice? Which Rationality?*, University of Notre Dame Press, 1988, p.97.

②〔英〕麦金泰尔：《追寻美德》，宋继杰译，译林出版社 2003 年版，第 142 页。

③MacIntyre, *The MacIntyre reader*, University of Notre Dame Press, 1998, p.252.

去追求美德时，一种善良的共同体生活就可以实现。在个人追求美德的过程当中，个人的善会天然地与共同体的善结合在一起；个人在实现其自身个体利益的同时，就可以同时实现共同体（社群）的共同利益。由此个人与共同体之间就在美德与善的实现过程中构造出一种统一性和一致性。由于个体美德的获取来源就是现实实践、对传统的美德继承与发展，因此，麦金泰尔十分注重和强调美德教育，重视共同体对个体公民的道德教化。就此而言，麦金泰尔的共同体思想在某种程度上成为了古典时期的柏拉图共同体思想的现代改造版和升级版。只不过，柏拉图的那种通过抽象的理念构造出来的由上而下的城邦公共善在这里变成了由个体实践和追求塑造出来的由下而上的美德一致性，而二者对国民教育的重视如出一辙。

与麦金泰尔不同的是，戴维·米勒试图通过一种温和的方式来解决个人与共同体之间的二元对立问题。他强调的是在共同体中的人与人之间的团结、友爱和亲近的感情。在米勒看来，若想使得个人之间产生互助和互利的行为，就必须首先使得团结友爱成为共同体内部成员的全体共识。应当说，这种追求与分析马克思主义者科恩在论及平等时的"共享原则"有着某种相似特性。这种对于情感的追求在某些方面也与情感主义者的理论偏好相一致。当团结、友爱与亲近成为共同体内部全体成员的普遍共识时，并且这些情感在共同体内部成为指导每一个成员的行为准则时，人与人之间的矛盾将不复存在。但是问题在于，类似的情感是否能够在现实层面得以实现。米勒通过情感弥合个人与共同体之间矛盾与分歧的方式的现实可行性，或者说现实的立足点是不清楚的。当我们重新思考康德的伦理共同体难题时，就不难发现米勒面临着同样的理论困境。

沃尔泽从成员资格的角度来考察共同体与个人之间的关系问题。他认为，共同体在于共同善的共同分享，而这种分享本身也是一种共同义务的分担。由于沃尔泽所强调的政治共同体观念是与现实紧密联系在一起的，因此依他而言每一个人都具有与他自身相应的共同体的成员资格。沃尔泽认为成员资格的重要性在于"他们彼此承担的第一种义务便是安全与福利的共同供给。这种要求也可以反过来：共同供给是重要的，因为它使我们认识到成员资格的价值"①。这就是说，共同体是成员共享的共同体，这种共享性就在于，如果一个共同体内部的成员之间不能彼此在安全与福利方面做出支持，以及他们不对彼此内部之间的关系与陌生人存在区别达成共识，则这些作为成员的个人便不需要维系他们的共同体。所以沃尔泽说，"要使我们热爱国家，我们的国家应当是可爱的"，但是这是不够的，"关键是国家对我们来说是可爱的"②。正如龚群教授所说，"使人们感到国家之可爱，就在于这个国家也就是这个共同体爱它的人民，尤其是底层那些无助的人，为他们提供安全保障和福利"③。实际上，这种共同体之爱恰恰不是共同体作为整体投射出来的爱，而是组成共同体的每个成员之间的承认和共享激荡出来的有爱环境。共同体本身不可能脱离成员单独存在，因此这种共同体之爱就投射在共同体内部成员之间彼此依存的共享关系之中，也因此这个共同体首先应当是共享的，而后才能是可爱的。当一个共同体之中不再有这种共享特性时，这个共同体也就失去了他内部成员对其承认的组织基础。

在查尔斯·泰勒那里，有关共同体与个人之间关系的思考又表

①〔美〕沃尔泽：《正义诸领域：为多元主义与平等一辩》，褚松燕译，译林出版社 2002 年版，第 51 页。

②〔美〕沃尔泽：《正义诸领域：为多元主义与平等一辩》，褚松燕译，译林出版社 2002 年版，第 79 页。

③龚群：《当代社群主义的共同体观念》，载《社会科学辑刊》，2013 年第 1 期，第 37 页。

现出了古典城邦的特征。共同体被泰勒视为一个类似于希腊城邦的社会公共生活概念。他指出："共同体被看做是一个生活或主体性的场所，诸个体是那个共同体的片段。"①这意味着，个人与共同体的相脱离状态实际上是不存在的。具体而言，如果仅从独立的生命有机体的角度来看待现实当中的个人，那么具有社会属性的共同体实际上是不存在的，因为这种视角仅仅把个人作为一个自然生命体，个人变成了自然科学的对象而不是社会科学的对象，社会层面的共同体关系也就失去了话语地位，个人与共同体就出现了彻底相脱离的状态。在泰勒看来，共同体是在社会实践层面上的个人归属之所，其应当与"碎片化"（fragment）相对使用。在泰勒那里，每个人都生活于一定共同体之中，有着一定的自身特定境况，这是一种对个人存在状态的经验性理解以及对社会的经验性认识。泰勒讨论共同体问题的出发点与马克思类似，都是从现实的社会经验出发，但是不同之处在于：泰勒等人所要思考的问题是个人在共同体中所表现出来的特殊性问题，而马克思考察的是个人与共同体在生产方式中具体的对立统一。

迈克尔·桑德尔在一定程度上对社群主义者们的共同体观念进行了总结，并对以罗尔斯为代表的自由主义的共同体观念作出了系统批驳。相对于上述几位学者而言，桑德尔对于个人与共同体的关系问题的思考颇为复杂，并且试图从一种"共同的认同"的角度来展开。桑德尔认为，共同体就是那些具有共同的自我认知的参与者组成的，并且通过制度形式得以体现的某种安排，其主要特征就是参与者拥有一种共同的认同。②桑德尔说："共同体意识在参与者的

①〔加〕泰勒：《黑格尔》，张国清等译，译林出版社2002年版，第579页。

②俞可平：《社群主义（修订版）》，中国社会科学出版社2005年版，第74页。

目的和价值中，就像友爱和同胞之情一样明显……因为共同体不只描述一种感情，还描述一种自我理解的方式，这种方式成为主体身份的组成部分。"①姚大志教授对其共同体观念的评估是有道理的，他认为桑德尔已然识别出三种"共同体"观念②：

第一种观念也被称之为"私人社会"。首先，构成这种"私人社会"的成员都具有他们自己相应的私人目的。在这些多样化的私人目的之间有些是相互无关联的，有些则是互相冲突矛盾的；其次，这个"私人社会"所拥有的制度本身被认为是毫无价值的。该社会成员在参与该社会活动时并不被认为是善的，相反，却被视为是一种负担。因此，每个人都将其社会所安排的东西视为是能够促成自己实现其自身私人目标的某种手段。在这种观念之下，"私人社会"其实就是把共同体理解为工具性的存在，在共同体当中，共同体的成员仅仅是为了追求私人目的而从事共同性的合作。

第二种观念是近似于罗尔斯式的共同体观念。罗尔斯认为，首先，与上述第一种"私人社会"中的私人目的不同的是，全体人类在现实或者说事实上拥有着一种共享性的终极目的；其次，罗尔斯式的共同体观念与"私人社会"对社会制度的看法是相左的。因为在罗尔斯这里，共同体内部的成员将他们的共同制度和共同活动本身视为是善的。因此，当我们身处于共同体之中时，我们不仅仅是作为合作者而互相需要，而且其他共同体成员的成功以及他们的基本善的享有对于我们自己的善而言在某种程度上也是必需品和互补品。在这种共同体观念当中，虽然每一个人都没有抛弃自身的利益，但是每一个成员之间有着相互交叉的共同利益的那部分并没有

---

①〔美〕桑德尔：《自由主义与正义的局限》，万俊人等译，译林出版社2011年版，第181—182页。

②详细内容可以参见姚大志：《社群主义的焦虑——评桑德尔的共同体观念》，载《学习与探索》，2014年第8期。

总是相互对立和互相矛盾，相反，在大多数的情况之下还能够形成互补、相互促进，并且融洽地将共同利益捏合起来。

第三种是桑德尔本人的共同体观念。按照桑德尔的共同体观念，在一个社会当中，其内部所有成员都被一种"共同体感"联结在一起，并且受到这种"共同体感"的约束。而就他所强调的这种"共同体感"所表现出的共同体内部成员的情感联系而言，该种共同体观念与上述第二种罗尔斯式的共同体是相类似的。但是，其共同体观念在表达一种情感层面上的共同体的同时还包含了一种自我理解方式的共同体。由此可以看出，桑德尔本人的这种共同体观念与罗尔斯的共同体观念是不同的。在桑德尔看来，与其说共同体内部的绝大多数成员都认同他所提出的"共同体感"（并且还在此基础之上追求共同体的目标），不如说是共同体的内部成员们认识到了他们所具有的统一性。这种统一性正是由于，共同体内部的个人都是作为这个共同体内部的成员或者说是共同体的组成部分。桑德尔认为："共同体不仅仅是表明了他们作为其成员所能够拥有的东西，而且也能够表明他们是什么意义上的共同体成员；不仅仅表明了他们之间所选择的关系，而且还表明了他们在其中所能够发现的联系；不仅仅表明了他们的身份属性，而且也表明了他们身份的构成因素。"[1]在与"工具性的"和"情感的"共同体作出区别性理解之后，桑德尔将这种共同体观念称之为"构成性的"共同体观念，并且以此来反对罗尔斯个人主义的自我观。

总的来说，社群主义者们普遍认为，将共同体与个人统一起来的并非是一种规范性的正义原则，也并不存在一种理性的"无知之幕"作为构成该种正义原则的先天条件。个人之所以能够联合在一

---

[1] Sandel, *Liberalism and the Limit of Justice*, Cambridge University Press, 1982, p.150.

起形成一种共同体，是因为每一个个人都能够对其所在的共同体产生"共同善"的体认，或者是个人之间能够感知到互相之间的非理性的爱和情感。此外，社群主义者对"共同利益"有着与自由主义者截然不同的定义。自由主义者所持有的共同体观念是：共同体成员的共同利益必须是以个人的偏好、权利和利益为出发点的，是个人之间依据自身的权利进行相互平衡、互相协调的结果。但是，在社群主义这里，共同利益则成为一种标准，善观念被视为是一种追求优良生活的观念。共同利益能否实现，则依据于共同体中的个人能否调整好对自己个人偏好和个人需要的结果。

（二）社群主义共同体思想与马克思共同体思想的差异

社群主义以共同体这一概念为核心旨趣，其在价值层面上对共同体的强调及其所得出的个人与共同体的统一性结论与马克思的立场存在相似之处。然而，社群主义的共同体思想又是区别于马克思的。社群主义者们所使用的共同体概念具有多样性的特点，他们自身内部并不是在相同的层面上来讨论共同体问题的。但是无论如何，他们对于共同体是作为人的关系模式的集合体这一核心立意并无异议。此外，一些社群主义者往往在讨论现代性问题时使用共同体概念。尽管这些思想家所论述的共同体意涵有所差别，但是他们的共同体问题都涉及公共善，并且大多数社群主义者都试图通过重回城邦时代来找寻解决现代性问题的答案，这是与马克思的共同体思想不相接洽的。

社群主义者的共同体思想与马克思的共同体思想的具体差异表现如下：

其一，马克思没有对共同体当中是否应当存在公共善作出过任何强调。在社群主义的共同体思想当中，随处可见对公共善的强

调。如麦金泰尔认为："城邦是其终极而趋于完美和完全的人类社
群产物。"①因为麦金泰尔曾经明确地指出他所说的共同体就是城邦
共同体，因此，麦金泰尔所说的"完美"和"完全"的"社群"就
是像城邦那样推崇公共善并努力使之达到完美和完全的共同体。但
是马克思对真正的共同体的论述却与公共善无关。事实上，古典政
治哲学当中的公共善恰恰是马克思所批判的对象。马克思从根本上
认为，所谓的公共善是一种抽象的、不切实际的形而上学。

其二，马克思没有把情感视为联结个人与共同体的首要因素。
在社群主义者当中，从来不乏从情感出发对个人与共同体之间的关
系作出联结的努力。例如，桑德尔就将共同体从根本上视为是一种
情感共同体。而马克思在指出真正的共同体时，虽然也指出了人能
够在感性层面上回归人的类本质，但是真正的共同体并非仅仅是情
感的共同体，而是一种人的本质的共同体。按照马克思的逻辑，真
正的共同体能够表现出人的本质，它包含了情感在内的人的一切本
质的实现，但是促成真正的共同体得以实现的首要的以及核心的要
素是生产实践的发展，而不是共同体成员间的情感体认，它只是构
成真正的共同体的一个组成部分。

其三，马克思的真正的共同体是一种宽泛意义上的人类共同
体，它的实现意味着共产主义的实现，这是历史唯物主义所强调的
生产力和生产关系发展到未来阶段的结果。因此在真正的共同体实
现时，现阶段的一切具体的共同体形式都将会作出改变。由此推
之，在真正的共同体当中，社群主义者们所讨论的共同体（包括国
家、政府、民族、宗教等不同类型的共同体形式在内）已然发生了
根本性的改变。真正的共同体的核心关切在于，人的自由本质是否

---

①Alasdair MacIntyre. *Whose Justice? Which Rationality?*, University of Notre Dame
Press, Notre Dame, 1988, p.97.

真正得以实现。人的自由本质在真正的共同体当中得以实现，就意味着目前的一切道德准则、政治秩序和利益边界都将发生改变。因此按照历史唯物主义，社会存在决定社会意识，现有的一切社会意识都将在未来的真正的共同体当中发生变革。这种致思逻辑使得社群主义对个人与共同体统一性关系的建构显得过于表面。社群主义者只是从应然的维度出发，来肯定共同体的价值，并以此为原点寻找共同体与个人的统一性的合理逻辑。而马克思则以个人与共同体之间的辩证统一性、人的本质实现和共同体的本质实现的对立统一作为出发点，来为个人与共同体的内在统一性作出揭示。

马克思的共同体思想与社群主义的共同体思想存在许多差别，从根本上说，这是由于社群主义过分依赖于理想共同体得以实现的抽象原则所导致的。马克思共同体思想从根本上说是一种批判理论，其指向的主要理论对象是现实的社会状态。而社群主义的共同体思想恰恰产生于马克思所要批判的现实社会的伦理、道德、制度等价值标准和秩序。社群主义的目的是为了论证个人与共同体是具有统一性的，当他们发现现实当中的个人与共同体的价值追求表现出互相冲突的时候，他们就会想方设法地规避现实，要么将这种统一性寄托于古典时期，声称要回到城邦共同体当中去；要么就是将这种统一性寄托于伦理道德，回溯到一种黑格尔式的伦理共同体；要么就是将这种统一性寄托于人的情感当中。总之，社群主义者拒绝承认是现实的所有制形式导致了个人与共同体之间的割裂状态，而这正是马克思的共同体思想所要直面和批判的东西。马克思的这种批判并不是对个人与共同体之间统一性持有的消极态度，而是一种积极的扬弃，这种扬弃要通过积极的社会生产实践来实现和完成。

三、英美分析马克思主义的道德辩护

无论是自由主义还是社群主义，他们的政治哲学都是外在于马克思主义的。作为当代政治哲学的一个重要流派，分析的马克思主义的政治哲学则是内在于马克思主义传统的。他们从规范的政治哲学视域出发，以其自身独特的理论方法为马克思的共同体思想提供了一种应然维度的道德辩护。

（一）对马克思共同体思想的规范性论证

在当代政治哲学中，最具有代表性的关于马克思共同体思想的规范性解读来自于英美分析的马克思主义。他们以分析哲学的方法，从道德分析的角度出发，对马克思思想当中的自由、共同体和自我实现等政治哲学概念做出了规范性层面的分析。因此，要考察分析的马克思主义学派对马克思共同体思想的解读方式，就必然要进入到分析马克思主义者的规范性语境中去。

正如威尔·金利卡所说："在 20 世纪的绝大部分时间里，马克思和马克思主义几乎被英美哲学界完全忽略了。"[1]然而，伴随着东欧社会主义制度的土崩瓦解，马克思主义哲学却在英美学界重新涌现。英美分析的马克思主义者们希望以分析哲学的方法和社会科学的手段对马克思的哲学洞见进行重新阐释。R.G. 佩弗、胡萨米、埃尔斯特、G.A. 科恩等人就是其中的重要代表人物。

R.G. 佩弗在其《马克思主义、道德与社会正义》当中谈到，要

---

① 〔加〕威尔·金利卡：《当代政治哲学》，刘莘译，译文出版社 2015 年版，第 213 页。

以规范性的道德政治原则（或标准）来分辨社会共同体的秩序和制度安排是否是妥当的，这种观点被称之为"道德社会论"。在佩弗看来，马克思的道德观点基于三个非道德的价值：自由、人类共同体和自我实现。佩弗认为，在马克思道德观下，共同体中的每个人都应当具有自我决定的机会。当共同体中仍然存在着休谟指出的适度匮乏和适度自私的正义条件时，马克思就会在关于自由的思想当中要求个人拥有平等获得自我实现手段的权利。佩弗说："马克思要求新社会必须将民主扩展到社会活动的每一领域……个人们应当共同地控制社会和经济过程，而不是被它们所控制。"①佩弗的这种观点实际上是对现实社会的妥协，这种说法似乎是在表示，当"真正的共同体"无法实现时，人们就可以退而求其次地选择一种"民主"的扩展与实现。对此，佩弗与肯尼斯·美吉尔的观点十分相似。美吉尔在《马克思哲学中的共同体》一文中对马克思的共同体思想进行了民主理论式的论述。他认为，马克思的共同体概念催生了一种新型的民主理论，并指出："马克思对政治哲学的真正贡献在于他对政治和社会的自由民主理论的超越。他关于国家在真正的民主之下一定会被克服的观点是他的社会和政治哲学的重要组成部分。"②这种"民主"正是马克思政治哲学对于现代法权下的"民主"的超越，只有在真正的共同体中才能彻底解决现存民主政治的弊端。

与佩弗着重于道德政治原则的论述不同，埃尔斯特对于马克思共同体思想的有关探讨主要集中于异化理论。按照马克思的逻辑，人在回归真正的共同体之前，必然会经历人的异化。因此，人的异化现象就会在真正的共同体之前的共同体形式中出现。在马克思的

---

① 〔美〕R.G.佩弗：《马克思主义、道德与社会正义》，吕梁山，李旸，周洪军等译，高等教育出版社 2010 年版，第 140 页。

②杨金海主编：《马克思主义研究资料》（第 25 卷），中央编译出版社 2014 年版，第 438 页。

异化理论当中，人的需要是一个非常基础的概念。人在现实中异化的一个重要原因正是基于人的现实需要的无法满足。埃尔斯特认为，马克思在诉说人的需要时，只是指出了人的需要在资本主义社会当中的欠缺，在共产主义亦即真正的共同体当中能够得到满足，但是却没有说明人的需要应当具体包含哪些内容。在此，埃尔斯特指出，人的需要应当分为生理需要和社会需要。所谓的生理需要，其实就是对维持生命体生存的必需物品的需要，在马克思那里被指称为"自然的需要"。而社会的需要在马克思那里则是没有被说明的。埃尔斯特指出，社会的需要可以分为三种："第一，它们是具有社会起源的需要，即它们是由社会原因而非生物学原因所引起的需要；第二，作为一种事实或者一种逻辑，它们是只能以团体方式加以满足的需要，如教育的需要或结社的需要；第三，它们是这样一些需要，其对象必然涉及别人，如对地位或卓越的需要。"[1]如此，共同体的价值在这里就转换为一种人的内在需要。这也就能够说明，对于马克思的政治哲学而言，为什么马克思的社会异化相比于精神异化、物化以及拜物教而言具有更加重要的地位。因为社会异化与人的社会需要直接现实地关联在一起，这也符合为什么马克思在《1844 年经济学哲学手稿》当中要对资本主义的共同体形式进行着重批判。而在晚期的《资本论》当中，马克思更加深刻地揭示了生产资料的异化现象，并指出它是工人异化的直接来源。也就是说，在资本主义的生产关系之下，在资本主义社会所提供的生产资料的条件之下，人的异化是不可避免的，这也正是人的社会需要所决定的。因此，在埃尔斯特看来，对于人的自我实现而言，人的社会需要应该首先得到满足。也因此，共产主义社会的实现就成为了

---

① Jon Elster, *Making Sense of Marx*, Cambridge University Press, 1985, p.69, 转引自姚大志：《当代西方政治哲学》，北京大学出版社 2011 年版，第 218 页。

一种应然的实现。人若想消除异化，就应当去追求一种没有异化条件的共同体形式，从而消除社会异化对人的社会需要的威胁。

与埃尔斯特以异化理论为切入点对共产主义的应然性进行揭示不同，G.A.科恩以生产力和生产关系为切入点，提出了两个命题：发展命题和优先性命题。前者指的是生产力的发展要始终贯穿于整个历史之中，后者指的是生产力的发展水平能够解释经济结构所具有的性质。从发展命题来看，生产力的发展水平就决定了历史当中共同体所具有的现实的基本形态；从优先性命题来看，生产力的发展水平就解释了现实的共同体所具有的内部秩序和原则。那么按照科恩的逻辑，马克思之所以否定资本主义下的共同体及其内部原则，其根本上是因为马克思认为生产力在资本主义阶段没有得到真正的解放。那么这是不是意味着依托于生产力的发展就必然可以实现真正的共同体呢？科恩显然并不是从这样一种维度来认识马克思的共同体思想的。科恩所要提供的是一种道德上的规范性证明，并由此对社会主义乃至共产主义进行反向的思考。亦即，恰恰是在一种生产力和生产关系条件发展不充分的条件之下，人们是否还欲求一种社会主义的乃至共产主义式的共同体（真正的共同体）生活。科恩没有直接去论述共产主义的规范性，而是通过论证作为共产主义"初级阶段"的社会主义的平等原则优于资本主义的平等原则，来间接达到对共产主义的规范性理解。科恩相信马克思主义中最富有成效和最重要的东西是它的平等主义思想。[1]面对西方自由主义者强调完全的个人权利和自由，科恩站在马克思主义的立场上坚定地认为人类的一切自由、平等的实现应当是作为一个整体的实现。社会主义之所以优于资本主义，原因就在于：社会主义的平等原则

①段忠桥：《为社会主义平等主义辩护——G.A.科恩的政治哲学追求》，中国社会科学出版社2014年版，第237页。

在道德上高于资本主义的平等原则。因此，科恩在道德层面上对社会主义的平等原则做出了辩护。那么，这样一种道德辩护的意义何在呢？依照科恩的观点，"社会主义取代资本主义"不仅是断言社会主义必将取代资本主义这一客观事实，而且还应当说明个人要如何行动才能实现这种"取代"。正如他在谈及分析的马克思主义与传统马克思主义的关系时所讲到的："分析前的马克思主义正如早期的化学一样，早期的化学还没有从更为根本的分子水平上去认识事物的构成，指出盐是由钠和氯组成的是一回事，而指出为什么盐是由钠和氯组成的，以及它们是怎样组成的是另一回事。"[1]这就暗示出，社会主义的平等主义价值观应当成为理想社会的价值尺度，而这种价值追求应当成为社会中个人行动的原则，基于这种普遍的个人行动原则推动社会不断向理想的目标迈进。因此，使得道德原则成为个人行动的原则也就是揭示了社会主义应当在道德的意义上去取代资本主义。

英美分析的马克思主义者们对马克思共同体思想在规范性层面上的发展和论述还在继续，马克思主义者们也逐渐开始发现和发掘马克思政治哲学自身的规范性维度。对此，马克思的共同体思想的规范性维度也必将有所展现。

（二）共产主义的正义

正如乔治·萨拜因所说的："国家是人们为了实现最好的道德生活而联合起来的群体。"[2]在分析的马克思主义者当中，很少有人再相信无产阶级革命的必然性，但是他们却又同时都相信共产主义

---

[1]魏小萍：《分析的马克思主义怎样看社会主义市场经济——访 G.A. 柯亨教授》，载《哲学动态》，1995 年第 12 期，第 36 页。

[2]〔美〕乔治·萨拜因：《政治学说史》（上卷），邓正来译，上海人民出版社2008 年版，第 138 页。

具有其应然的维度，因而，他们对于论证共产主义的道德价值及其正义性十分重视。

胡萨米对于回归真正的共同体的共产主义的正义及其之前的作为"初级阶段"的社会主义的正义分别给出了非常清晰的表述，他指出："社会主义的正义与平等紧密相连，共产主义的正义则与自我实现相联。"[①]其意在指出，在社会主义社会当中，正义原则和平等原则是联系在一起的，而在共产主义社会当中，正义原则却是联结于自我实现的。这两个"正义"都能有效地消灭剥削，它们的产生和制定是通过对私有财产权进行废除的同时肯定集体调控对于社会存在条件的重要性作用来实现的。依胡萨米来看，资本主义最终被共产主义所取代，是新的生产方式下的共同体形式以及其内部的正义原则对旧有的共同体形式及其内部的正义原则的超越。共产主义之正义的实现奠基于共产主义的物质基础，而非共产主义的实现奠基于正义原则。对于共产主义而言，其本质就是一个超越正义的共同体。这在一定程度上将"什么是社会正义的问题"引向了"什么样的社会或共同体能够实现正义"的问题。

依据马克思的共同体思想，在现有共同体的异化条件下，人是无法实现真正的自由的，因而也就无法实现真正的正义。这种无法实现的自由被埃尔斯特视为是资本主义社会不正义的有力证明。埃尔斯特观点的逻辑在于，资本主义的社会制度无法满足工人的社会需要，亦即无法满足工人对自由这一人的本质价值的需要。在资本主义社会当中，工人的自由大致被表述为两个方面：一是工人有选择雇主的自由；二是工人有成为雇主的自由。而这两种自由看似在当代的资本主义社会中实现了，事实上却是一种虚假的实现。依据

---

①胡萨米：《马克思论分配正义》，载于李惠斌等编《马克思与正义理论》，中国人民大学出版社 2010 年版，第 59 页。

于埃尔斯特，首先工人不可能完全独立于雇主，这意味着工人完全独立于资本；其次，就算法律上保护了工人可以自由选择雇主的权利，但是事实上这种自由权利是微不足道的，因为工人根本没有自身的物质基础来支持他这样做；最后，工人成为雇主是一项更加重要的自由，然而由于物质基础的原因，它比之于上一条则更加困难。因此，在资本主义社会中，在这样的共同体之下，工人只能被迫出卖劳动力。①如此来看，现实的共同体秩序所"保障"的自由无疑是不正义的，是虚假的。只有在真正的共同体当中，在共产主义的世界里，人才能彻底摆脱社会异化对人的社会需要的威胁。

科恩在《自由、正义与资本主义》一文中认同了胡萨米关于共产主义并不是建立在正义基础上的理论观点，认为它本质上是一个超正义的社会，但是科恩的理由与胡萨米存在差异。对于科恩而言，之所以有些马克思主义者对正义避而不谈，是因为他们对有关正义的正确理论缺乏认识。正确的正义理论应该建立在自然权利理论的基础之上，而自然权利的语言就是道德的语言，也就是正义的语言。因此，无论是谁，只要是他论及正义原则，那么就意味着他必然要严肃地论及自然权利，并且必然承认自然权利确实存在。科恩将自然权利视为是"合法的权利，而且是以道德作为基础的那些权利"。进一步的，科恩指出，马克思的政治哲学中明确包含着以自然权利为道德基础的正义价值。在他看来，马克思正是由此出发，才提出资本主义的所有制必须被废除。亦即是说，在马克思的政治哲学中，对私有制的颠覆和废除，其立论基础在于，并非是把

---

①在埃尔斯特对马克思关于工人被迫出卖劳动力的解释中，存在两种情况：一、面对各种限制，工人只能选择饿死或者出卖劳动力；二、当工人无需出卖劳动力也能够存活时（例如依靠政府的救济），由于恶劣的生存条件，工人还是要被迫接受选择出卖劳动力。埃尔斯特认为在当下的资本主义社会中，第二种情况则更加符合工人被迫出卖劳动力的现状。

人们共同占有的生产资料看作是合法的社会需要，而是看成一种自然（道德）权利。由此可以推论，G.A.科恩在一定程度上将作为社会权利的人权还原为自然权利，进一步地，可以将这种行使该权利的社会场域还原理解为基于一种超越社会维度的自然共同体。科恩认为，以社会主义的正义原则和自然权利法则所建构的社会主义社会（亦即我们所讨论的共产主义初始阶段的共同体生活）是一个"设计的问题"①。科恩批评了那种实际上是基于自私的过度膨胀促使一种经济制度得以运行的运行机制，认为人们所践行的资本主义的市场原则只不过是一种所谓的"适应性选择"②；而一个良性的好的社会共同体是一个能够将平等、共享和正义扩展到整个社会生活的社会共同体。

综上所述，当代英美分析的马克思主义哲学是从马克思的政治哲学立场出发，伴随着当代政治哲学的相关问题一同展开的。他们对正义、自由、平等等政治哲学的规范性概念尤为关切，也因此使得马克思的共同体思想在他们那里具有了更加清晰的规范性论证。随着历史的发展和变化，现阶段的人类社会产生了与马克思所处时代不同的时代问题，面对当代政治哲学所提出的各种规范性论题，分析的马克思主义者们将马克思的共同体思想纳入到一种规范性的考量当中。尽管这种分析的考量方式已然与马克思最初的辩证批判方法有所区隔，但是分析的马克思主义者们对共产主义的应然实现却始终坚持。

---

① 〔英〕G.A.科恩：《为什么不要社会主义》，段忠桥译，人民出版社 2011 年版，第 70 页。

② "适应性选择是指一种非理性的过程，在这一过程中，人们选择 A 而不选择 B，只是因为 A 可以得到而 B 不可能得到。A 比 B 容易得到，但这并不意味着 A 比 B 好，只是因为 A 容易得到，所以有的人会因此认为 A 更好。"（引自 G.A.科恩：《自我所有、自由和平等》，李朝晖译，东方出版社 2008 年版，第 286 页）。

四、当代政治哲学语境下的马克思共同体思想：
意义与局限

（一）马克思共同体思想的意义

在当代政治哲学的语境中，马克思的共同体思想具有重要的理论价值。

首先，政治哲学家们没有一种对共同体概念的统一性解释，他们对于共同体概念的使用也充满歧义。不仅是各个流派之间的共同体概念存在差异，就连某些流派内部，如社群主义自身都没有一个统一的共同体概念。这在很大程度上造成了学界对共同体问题进行讨论时的语境障碍。通过分析马克思的共同体概念，可以找到这些语境障碍的症结所在。

由于不同的思想家从不同的概念层次和维度上来表述和理解共同体，因此当他们之间想要进行有效对话时，就很有可能出现如下情况：不仅把作为抽象表述的广义共同体概念与作为具体指称的狭义共同体概念混淆在一起进行表达，而且还对杂糅着社会实体与伦理观念的双重共同体内容加以混淆理解，因而造成不同思想家之间的共同体思想难以进行有效的沟通和对话。由于马克思共同体概念既囊括了广义和狭义两种表达方式，又包含了认知性与规范性两种理解维度，因此，参照马克思对共同体概念的使用和理解，就能够为上述问题提供一种有效的解决途径。

基于广义的共同体概念，马克思没有对其所指称的共同体形式作出严格限制，他只是在一般的层面上来表述共同体本身。由于马克思的共同体概念是以人的生产实践关系为基础的个人的集合体，因此广义的共同体概念在马克思这里就可以对任何生产条件下的共同体形式加以表述。反观其他人的共同体思想，也会发现这种广义的表达方式，只不过其他思想家可能并不是以生产实践关系来界定共同体概念的，而是用地域关系、血缘关系、族群关系、契约关系乃至伦理关系。例如，契约论者从契约关系出发来定义共同体，那么当卢梭说"我们每个人都以其自身及其全部的力量共同置于公意的最高指导下，并且我们在共同体中接纳每一个成员作为全体之不可分割的一部分"①时，这里的共同体就是一种广义的共同体概念。之所以这样讲，因为他并没有明确这里的共同体指涉的是具体的哪种共同体形态。只要看看卢梭如下这段话就可以明白其中的逻辑："由全体个人的结合所形成的公共人格，以前称为城邦。现在则称为共和国或政治体；当它是被动时，它的成员就称它为国家；当它是主动时，就称它为主权者；而以之和它的同类相比较时，则称它为政权。"②如此观之，卢梭在上面第一段话当中所说的共同体就有可能是"城邦"，亦有可能是"共和国"或是"政治体"，还有可能是"国家""主权者"或是"政权"，而其共同的特点就在于它们都是奠基于契约关系的关系模式。与此相对应的，基于狭义的共同体概念，当马克思对其使用的共同体概念所指称的内容做出严格划定时，他是在一个具体的层面上来指称某种类型的共同体。由于马克思的共同体概念就是以人的生产实践关系为出发点建立起来的个人的集合体，因此狭义的共同体概念在马克思这里就是用来表述特定的生产条件下的共同体形式。当我们同样反观其他人的共同体思想时，也会发现这种狭义用法的广泛存在，只不过其他思想家可能是

---

① 〔法〕卢梭：《社会契约论》，何兆武译，商务印书馆 2003 年版，第 20 页。
② 〔法〕卢梭：《社会契约论》，何兆武译，商务印书馆 2003 年版，第 21—22 页。

在其他关系模式之下对其加以运用。同样以卢梭为例，当卢梭提及政府时，他说"政府乃是那个包括政府本身在内的大型政治共同体的小型化"①，而当他说到国家时，他说"国家是由于它自身而存在的"②，而"政府对于国家共同体所能具有的比率，也要按照国家本身会因之而改变的种种偶然的、特殊的比率而有种种不同"③。由此可见，"政府共同体"和"国家共同体"都是卢梭以不同的契约缔结条件出发定义出来的两种狭义的共同体概念。

基于马克思对共同体概念在认知性和规范性两种维度上的理解，马克思揭示了个人与共同体的对立统一性，解决了政治哲学当中有关个人与共同体关系问题的理论分歧。依据马克思，当我们对共同体概念做出理解时，应当把纷繁复杂的诸种观念至少归结为两个方面：一是对共同体存在的外在形态进行探讨，即历史上出现过何种共同体（或者何种程度的共同体），人们是否生活在某种特定的共同体模式之下，以及现实的人类生活环境是何种程度的具体的共同体形态；二是对一种内在的共同体价值进行探讨，即历史上出现过何种共同体（或者何种程度的共同体）是好的共同体，共同体是否一种由人的本质出发引申出来的，内在于人的本质之中的价值存在。如此观之，当亚里士多德在其《政治学》中指出："所有城邦都是某种共同体，所有共同体都是为着某种善而建立的（因为人的一切行为都是为着他们所认为的善）。"④他显然不具有将共同体的具体形态与共同体的价值加以区分的意识。亦即是说，当亚里士

---

① 〔法〕卢梭：《社会契约论》，何兆武译，商务印书馆 2003 年版，第 76 页。

② 〔法〕卢梭：《社会契约论》，何兆武译，商务印书馆 2003 年版，第 76 页。

③ 〔法〕卢梭：《社会契约论》，何兆武译，商务印书馆 2003 年版，第 77—78 页。

④ 〔古希腊〕亚里士多德：《政治学》，颜一，秦典华译，中国人民大学出版社 2003 年版，第 1 页。

多德将"城邦共同体"视为"至高善"时，他实际上是将一种特定历史时期（古希腊时期）下的具体的共同体形态（城邦共同体）与作为共同体本身所表现出来的那种价值混合在一起使用，并且错误地认为作为特定历史时期下的城邦共同体乃是一种人类社会的终极的价值。如果按照马克思对于共同体形态和价值的双重理解，城邦共同体显然仅仅是共同体在古希腊时期下的表现形态，而非城邦本身就代表了共同体的终极价值。

透过马克思来反观其他思想家的共同体概念，就可以有效澄清许多共同体问题。只要充分理解马克思的共同体思想及其对相关概念的表达方式和理解维度，就能够将这种理解延伸开来，对政治哲学当中的共同体问题进行归纳总结，从而能够有效地处理歧义、总结论点、增进交流。

其次，马克思的共同体思想是对个人与共同体之间的关系的"真正解决"：个人与共同体处于对立统一的关系之中，而且这种对立统一是辩证地发展于现实的社会实践的。基于马克思对个人与共同体之间关系的统一性揭示，我们就可以更好地对个人与共同体的统一性价值加以理解，进而展开对现代性问题的有效批判。一般认为，现代性问题所关涉的是价值观念层面的问题，它的价值体系体现在对于"独立、自由、民主、平等、正义、个体本位、主体意识、总体性、认同感、中心主义、崇尚理性、追求真理、征服自然"①等价值的思考之中。而现代性问题中的许多价值分歧正是产自于对个人与共同体之间的价值的对立性解释。近代以来，个人对原子化的独立性追求逐渐增强，整个社会出现了认同危机，与之相伴的是个人对各个层面上的共同体形式的冷漠。这种情形在当代社

①参见俞吾金：《现代性现象学：与西方马克思主义者的对话》，上海社会科学院出版社 2002 年版，第 36 页。

会表现得日益明显，甚至出现了以个人价值完全否定共同体价值的极端个人主义的思想观念。基于马克思对个人与共同体之间的统一性理解，个人的价值与共同体的价值不但不是对立的，而且还必然是统一的，共同体的价值与自由一道同属于人的本质价值追求。依照马克思对真正共同体的推导逻辑就会发现，当下社会表现出来的个人与共同体之间的矛盾实际上是现阶段的所有制形式导致的，是现阶段的具体的共同体形态与人类的真正自由的冲突，是现阶段的生产方式与人的真正的类生活的冲突，但是却绝对不是共同体的真正价值与人的本质追求的冲突。正如马克思所说，社会关系"是随着物质生产资料、生产力的变化和发展而变化和改变的。"①因此，究竟何种共同体才是人应当追求和实现的，这在马克思看来最终是要归结到人的本质需要以及社会生产力的发展上的，这是遵循历史客观规律的逻辑结果。依据于马克思历史主义的观点，"消除事实与价值间鸿沟的依据是永恒发展着的历史性"②。一方面，伦理和道德情感会随着历史的发展而变化，这已然由人类文明的发展史所证明；另一方面，推动社会历史向前发展的根本原因仍然是生产力的进步和改善。我们的确不能否认社会上的各种因素都有可能影响到个人与共同体之间的现实关系，并且有可能会导致其产生现实的矛盾和冲突，但是我们不能忽略的是，个人对共同体的现实诉求以及共同体对个人的当下约束，其根本上围绕的就是在现实历史阶段下的所有制问题。然而现实所有制形式的产生根源就是现实的生产关系和生产力条件，因此这也就成为了导致个人与共同体之间产生现实冲突的真正根源，这正是马克思的共同体思想在现代性问题上所体现出来的意义。通过理解马克思的共同体思想就会发现，无论

---

① 《马克思恩格斯全集》（第 6 卷），人民出版社 1961 年版，第 487 页。
② 王新生：《马克思政治哲学研究》，科学出版社 2018 年版，第 85 页。

是自由主义还是社群主义，他们都严重忽略了现实生产实践条件下的所有制的现实形式与现存的共同体形式之间的关系，这是他们与马克思的区别所在。马克思对个人与共同体之间关系的统一性理解，抓住了现代性问题的根源。若想真正解决现代性问题，就要在发展生产力的同时，变革现有的生产关系，这是一个需要放置到人类历史当中去循序渐进地解决的过程。

此外，这种个人与共同体的对立统一最终把人的价值凸显出来。在真正的共同体中，无论是个人的价值还是共同体的价值，都是内在于人的"类本质"的。这就表明，真正的共同体的最终落脚点是人，或者说是每一个现实的个人，而不是家族、部落、种族、文化体，也不是宗教族群、民族体或者国家。社群主义者们所说的共同体价值，无论是宽容、尊重，抑或是情感纽带，这些共同体所体现出来的人性的基本需要，在马克思看来都属于完全解放了的人的类生活所应然包含的内容，这无疑也是马克思在个人与共同体的统一性价值当中想要说明的东西。对真正的共同体的追求正是对人的本质价值的追求。

（二）马克思共同体思想的局限

由于马克思所处的历史时期与当代不同，因此马克思的共同体思想并非是没有局限性的。

首先，马克思论述了真正的共同体的实现要基于现实的物质基础和生产实践的发展，但没有论述在市民社会与政治国家分离之后，现实的共同体形式该如何具体地走向真正的共同体。在资本主义意识形态看来，真正的共同体具有乌托邦的性质。造成他们这一看法的部分原因在于，马克思在论述真正的共同体时，没有对现实的生产力水平如何发展出真正的共同体的物质条件作出细致阐述。

限于生产力条件的制约，正如一个奴隶制社会的奴隶无法想象资本主义社会的生活状态一样，人们缺乏对真正的共同体的物质基础的理解。现代社会实际上仍然处于马克思所批判的市民社会，人们只是"通过私人利益和无意识的自然的必要性这一纽带同别人发生关系的独立的人"[①]，所以人们对于现实利益存在差异性的需要和相互满足。这种对现实利益的差异性追求导致许多人如自由主义者们那样，始终对马克思的共同体理想所强调的那种统一性价值保持警惕。尤其是在苏联模式的土崩瓦解之后，许多人对于一切提出共产主义理想的理论都产生了质疑。真正的共同体的实现，亦即共产主义的实现，其所依靠的条件（包括物质条件和人的精神条件）在现代人看来仍然仅仅是一个未知的可能性。正如当科恩对社会主义的应然性作出论证时所指出的那样，马克思所提出的理想的共同体模式及其以共享原则为主导的内部运行机制，仅仅是一种可欲的和可求的，也理所应当是人们在自身价值的追求上所向往的，但是对于它的真正实现而言，或者说具体何时实现而言，现在看来仍然是无法估计的。

其次，马克思的共同体思想缺少对规范性价值的正面论述，这对马克思政治哲学的当代建构以及其共同体思想在规范性意义上与当代政治哲学视野下的共同体思想展开论辩带来了一定的困难。正如王新生教授指出的，马克思的正义观念是一种超越于政治的正义关怀，而这种"超越于政治正义之上的正义关怀也就不可能是对现实伦理准则即时的具体否定，而是对它的超越性批判"[②]。这种超越于政治正义的批判性思考和理论逻辑导致马克思侧重于对共同体的现实批判，而较少对政治哲学的规范性价值进行正面阐述。围绕

[①]《马克思恩格斯全集》（第 2 卷），人民出版社 1957 年版，第 145 页。
[②] 王新生：《马克思政治哲学研究》，科学出版社 2018 年版，第 223 页。

个人与共同体的价值统一性问题，马克思的共同体思想就必然会牵涉到诸多规范性价值，如自由、平等、正义等。但是由于马克思本人并没有过多地对规范性价值进行正面讨论，致使许多人质疑马克思的哲学当中根本没有相关方面的思想，甚至有些马克思的文本还被视为是对一切道德价值和伦理价值的拒斥与反对。虽然马克思在《哥达纲领批判》等一些著作中存在一些对共产主义第一阶段（社会主义）当中的"按劳分配"以及共产主义高级阶段的"按需分配"等"平等"分配原则的讨论，但是从整体上看，这样的正面论述在马克思的所有著作中所占的比重仍然显得太少。当今世界已经初步具备了形成一个作为人类整体的共同体的现实条件，这个条件就是广泛存在于世界市场和资本贸易之中的、将世界各地的人们普遍联系起来的信息化的科技力量和现代发达的生产实践条件。因此伴随着市场贸易全球化逐渐形成，世界层面上的共同体所表现出来的矛盾和分歧就显得更加复杂和多样，这是由于异化矛盾并没有得到真正的解决造成的。面对多元文化主义的兴起，以及后现代哲学对于社会认同危机的反思，对全球正义和人类的伦理价值的追问不断被当代政治哲学的规范性话语揭示出来。就人类社会历史的发展阶段而言，对于当下的个人处境的保护和改善仍然要诉诸政治秩序与道德原则。因为人们的认知水平与生产力水平都没有到达一种"真正的共同体"程度，因此对人类共同体的现有形式的稳定发展而言就仍然要依托于世界各国的人民对于公平、正义、自由、平等、责任以及义务等正义原则和规范性价值的理解，这构成了人类共同体有序发展的规范性基础。从当下人类共同体的有序发展出发，面向对更高层面共同体形式的追求，马克思的共同体思想就需要在规范性的维度上向人们展示和表达真正的共同体的应然性与合理性。

　　由于马克思坚信社会发展是一种必然规律，而按照这个发展规律的指向，人最终必然要在真正的共同体中实现自身的自由和解放。马克思在其《哥达纲领批判》中认识到，共产主义"它不是在它自身基础上已经发展了的，恰好相反，是刚刚从资本主义社会中产生出来的，因此它在各方面，在经济、道德和精神方面都还带着它脱胎出来的那个旧社会的痕迹"①，它不会在历史当中瞬间出现，而是要依托于社会历史的发展环境逐渐完成。但是正如分析的马克思主义者们所说的，这些判断仍然都是依据历史唯物主义的客观发展规律而做出的必然性判断，而非应然性的判断。这就导致其在应然性维度的说服力上显得有些不足，没能够让大众更好地对共产主义的应然性加以理解，这就需要我们在当代语境下对马克思的共同体思想作出阐释，对其中所蕴含的伦理价值和规范性原则做出进一步揭示。

　　此外，由于马克思共同体思想形成的历史背景和所处的时代不同，马克思并没有完全预测到当今社会的发展状态，因此许多具体的现实发展状况是马克思的共同体思想当中不曾涉及的。比如，就马克思有关鼓励工人阶级联合起来组成工会共同体以对抗资产阶级的剥削，进而实现阶级革命而言，20世纪以来已然遇到了许多现实问题和瓶颈。实际上，马克思低估了资本主义的自我改良能力。在20世纪出现的福利国家、凯恩斯主义等，相比于马克思的年代而言，这些情况都在一定程度上打消了无产阶级参与阶级革命进而推动共产主义得以实现的激情和热度。这些都是马克思的共同体思想在当今社会历史阶段所要面对的现实问题。

　　综上所述，马克思所追求的真正的共同体实际上就是一种体现了整个人类命运的共同体，这"是一种高远的理想性价值。这样一

---

　　①马克思：《哥达纲领批判》，人民出版社2015年版，第14页。

种理想性价值植根于人类的本性，植根于人的'类意识'中本然具有的对公平正义乃至更高超越性价值的追求与渴望"①。这种对"公平正义乃至更高的超越性价值"的追求是蕴藏在马克思的思想当中的重要内容，需要当代的学者们加深对马克思的文本理解，将其从中更好地呈现出来。

---

①王新生：《命运共同体：人类共存之道的中国方案》，载《中国社会科学报》，2016年2月25日，第3版。

结　语

　　毫无疑问的是，马克思的共同体思想研究是探究马克思政治哲学的一个重要组成部分。其致思逻辑内在于马克思政治哲学当中。

　　在对马克思的共同体思想加以阐释和说明的过程当中，首先要牢牢抓住对于马克思的共同体概念的解读和辨析，这是以往有关马克思共同体思想研究的相关学术成果最为欠缺和疏漏的部分。基于对马克思共同体概念的分析，我们就可以把握住马克思对共同体及其相关概念的使用方法，进而从这种归纳和把握当中更加清晰地看到对马克思共同体思想研究的理论意义。

　　在对马克思的共同体思想的形成过程与核心内容进行展开时，个人与共同体之间的关系问题就成为理解马克思共同体思想的核心线索，遵循着马克思对个人与共同体之间关系问题的思考，可以清楚地看到马克思对现实社会的猛烈批判，进而引发了他对理想的共同体的超越性认识。在马克思的哲学思想当中，从劳动分工到异化现象，从阶级斗争到人类解放，共同体问题几乎贯穿了其所有的现实批判理论。马克思的政治哲学无疑是关于个人解放的政治哲学，在最为广泛的共同体含义之下，个人价值能够在一种最为普遍的意义上得到彰显。作为类存在物的类本质的回归，真正的共同体能够消除由于种种特殊性而导致的内部分歧。这种个人与共同体的统一，使得马克思的共同体思想最终指向了实现共产主义的应然维度。基于这种应然维度，马克思的共同体思想既对受制于社会历史发展的共同体形式的局限性作出了说明，又对超越的共同体价值的规范性进行了论证。

如此，马克思政治哲学的现实批判性也同样一以贯之地存在于马克思的共同体思想当中，这在马克思对市民社会的批判中就可见一斑。在马克思那里，市民社会不仅仅是一般社会学意义上的共同体形态，其内在原则还特别指向了私有制经济以及资本主义。作为承认了私有制的市民社会，必然会产生个人与社会之间的异化状态。因此，历史终结论的错误在于，他们认为在现实条件下市民社会与国家的对立状态就是人类共同体的最终状态。事实上，市民社会所体现的共同体形态仅仅是现阶段的生产力水平在人类共同体形态上的一种阶段性的历史表现。

此外，马克思以人的现实的感性实践活动来探究人类共同体的形成与发展，也就从根本上批判了以往唯心主义哲学对个人与共同体之间关系的抽象认知。正如分析马克思主义学者弗兰克·孔宁翰所说："问题并不是在哲学上的决定论与唯意志论之间作出选择，而是要找到一种方法，人们可以借此认识到对社会角色采取批判态度的可能性与勇气，同时认识到人们的社会角色在相当重要的意义上构成了他们自身的身份。"①也因此，抽象的人说明不了社会的本质，抽象的道德意识也无法推动社会生活。人类共同体的历史性归

---

① 〔加〕罗伯特·韦尔/凯·尼尔森：《分析马克思主义新论》，鲁克俭，杨洁等译，中国人民大学出版社 2002 年版，第 171 页。原文出自：弗兰克·孔宁翰的《共同体\传统和〈关于费尔巴哈的提纲〉第六条》。

根到底就是人自身发展的历史性，亦即人的现实的感性实践的历史性。马克思对真正的共同体的判断也正是基于这种批判性才得以完成。

马克思的共同体思想深深植根于马克思的历史唯物主义与辩证法当中。一切历史阶段之下的共同体形态都只是表现了不同历史时期的人类生活的集合体状态，共同体的具体形态会随着时间的绵延而发展演化，但是，"时间在现象世界中的地位，正如原子概念在本质世界中的地位一样，也就是说，时间是把一切确定的定在加以抽象、消灭并使之返回到自为存在之中。"①因此，共同体的诸种具体形态都能够通过一种普遍性回溯到一种人对共同体的价值追求。也正因如此，马克思把具体历史时期下的共同体形态与共同体的价值区分开来。这就是为什么现实的具体的共同体形态——无论是古希腊时期的城邦共同体，还是现代民族国家的政治共同体——都将会随着时间的变化发生改变。但是，作为存在于人的本质中的共同体价值则与自由的价值一道，指导着人的社会实践。因此，历史终结论者的结论认为，在现实条件下，市民社会与国家的对立就是最终状态。而马克思则认为，私有制一定会被消灭，人类社会（而不是市民社会）最终能够实现。资本主义的历史终结论的错误在马克思共同体的现实批判之下暴露无遗。按照马克思主义哲学的逻辑，任何真正的哲学必然要反映其所处时代的时代任务和时代要求，也必然会把握住其时代的发展逻辑，并且必然能够总结和概括时代的实践经验和认识成果，是时代精神的精华。因此，对马克思共同体思想在当代政治哲学背景之下做出重新阐释，正是坚持以马克思主义哲学为指导原则的必然结果。只有回归到马克思的文本当中，才能返本开新，才能对于当今时代的国际形势和发展趋势做出正确把

---

① 《马克思恩格斯全集》（第 1 卷），人民出版社 1995 年版，第 52 页。

握。只有在把握马克思共同体思想的根本立场的基础之上对马克思的共同体思想进行时代阐释，才能够真正焕发马克思共同体思想的时代意义。

本书立足于马克思的文本，对马克思共同体思想的概念使用、方法特点、表达方式和理解维度作出了总体分析，对马克思的共同体思想进行逻辑上的梳理，从而有效地凸显出马克思共同体思想的核心关切，彰显了马克思共同体思想的现实意义和价值。在当代政治哲学的语境之下，对于马克思共同体思想的理论探讨必然要纳入到对现实的社会问题关切中去，这也是坚持马克思从实践出发的认知逻辑的必然结果。本书没有细致地从劳动、生产、消除异化等方面具体地指出马克思的共同体思想在作为人类社会发展的指导原则的意义上是如何可能的，这在今后的马克思共同体思想研究当中将成为作者研究的一个重要方向。另外，由于作者对于马克思主义伦理学研究十分感兴趣，因此笔者也十分希望能够在未来对于马克思共同体思想所体现出来的伦理意涵和规范性维度作出更加深刻的阐释，从而能够在下一个研究阶段当中为马克思主义的政治哲学和伦理学研究找到更多的理论关切和理论视域。

参考文献

一、外文著作类：

[1]《马克思恩格斯文集》（第 1 卷），人民出版社 2009 年版。

[2]《马克思恩格斯文集》（第 2 卷），人民出版社 2009 年版。

[3]《马克思恩格斯文集》（第 8 卷），人民出版社 2009 年版。

[4]《马克思恩格斯文集》（第 10 卷），人民出版社 2009 年版。

[5]《马克思恩格斯选集》（第 1 卷），人民出版社 1995 年版。

[6]《马克思恩格斯选集》（第 4 卷），人民出版社 1995 年版。

[7]《马克思恩格斯全集》（第 1 卷），人民出版社 1956 年版。

[8]《马克思恩格斯全集》（第 1 卷），人民出版社 1995 年版（第 2 版）。

[9]《马克思恩格斯全集》（第 2 卷），人民出版社 1957 年版。

[10]《马克思恩格斯全集》（第 3 卷），人民出版社 2002 年版。

[11]《马克思恩格斯全集》（第 6 卷），人民出版社 1961 年版。

[12]《马克思恩格斯全集》（第 29 卷），人民出版社 1972 年版。

[13]《马克思恩格斯全集》（第 30 卷），人民出版社 1995 年版。

[14]《马克思恩格斯全集》（第 44 卷），人民出版社 2001

年版。

[15]《马克思恩格斯全集》（第 46 卷），人民出版社 2003 年版。

[16] 马克思：《1844 年经济学哲学手稿》，中共中央马克思恩格斯列宁斯大林著作编译局编译，人民出版社 2000 年版。

[17] 马克思：《德意志意识形态》，中共中央马克思恩格斯列宁斯大林著作编译局编译，单行本，人民出版社 2003 年版。

[18] 马克思：《资本论》（第 1 卷），人民出版社 2004 年版。

[19] 马克思：《哥达纲领批判》，中共中央马克思恩格斯列宁斯大林著作编译局编译，人民出版社 2015 年版。

[20]〔德〕路德维希·费尔巴哈：《费尔巴哈哲学著作选集》（上卷），荣震华、李金山译，商务印书馆 1984 年版。

[21]〔德〕费尔巴哈：《费尔巴哈哲学著作选集》（下卷），荣震华、王太庆、刘磊译，商务印书馆 1984 年版。

[22]〔英〕克里斯托弗·罗、马尔科姆·斯科菲尔德主编：《剑桥希腊罗马政治思想史》，晏绍祥译，商务印书馆 2016 年版。

[23]〔英〕戴维·米勒（英文版主编）、邓正来（中译本主编）：《布莱克维尔政治思想百科全书》，中国政法大学出版社 2011 年版。

[24]〔英〕麦克里兰：《西方政治思想史》，彭淮栋译，海南出版社 2003 年版。

[25]〔美〕乔治·萨拜因：《政治学说史》（上卷），邓正来译，上海人民出版社 2008 年版。

[26]〔美〕乔治·萨拜因：《政治学说史》（下卷），邓正来译，上海人民出版社 2010 年版。

[27]〔古希腊〕柏拉图：《理想国》，郭斌和、张竹明译，商务

印书馆 2011 年版。

　　〔28〕〔古希腊〕亚里士多德：《政治学》，颜一，秦典华译，中国人民大学出版社 2003 年版。

　　〔29〕〔古希腊〕亚里士多德：《尼各马可伦理学》，苗力田译，中国人民大学出版社 2003 年版。

　　〔30〕〔古希腊〕伊壁鸠鲁等：《自然与快乐》，包利民等译，中国社会科学出版社 2004 年版。

　　〔31〕〔意〕马基雅维利：《君主论》，潘汉典译，商务印书馆 1985 年版。

　　〔32〕〔英〕霍布斯：《利维坦》，黎思复等译，商务印书馆 1985 年版。

　　〔33〕〔英〕洛克：《政府论》（下篇），叶启芳等译，商务印书馆 1996 年版。

　　〔34〕〔法〕卢梭：《社会契约论》，何兆武译，商务印书馆 2003 年版。

　　〔35〕〔德〕康德：《历史理性批判文集》，何兆武译，商务印书馆 1996 年版。

　　〔36〕〔德〕康德：《单纯理性限度内的宗教》，李秋零译，人民大学出版社 2003 年版。

　　〔37〕〔德〕黑格尔：《法哲学原理》，范扬、张企泰著，商务印书馆 1961 年版。

　　〔38〕〔德〕黑格尔：《精神现象学》（下卷），贺麟、王玖兴译，商务印书馆 1979 年版。

　　〔39〕〔德〕黑格尔：《哲学史讲演录》（第 2 卷），贺麟、王太庆译，商务印书馆 1960 年版。

　　〔40〕〔匈〕卢卡奇：《历史与阶级意识》，杜章智、任立译，商

务印书馆 1999 年版。

　　[41]〔德〕哈贝马斯:《后民族结构》,曹卫东译,上海人民出版社 2002 年版。

　　[42]〔德〕哈贝马斯:《包容他者》,曹卫东译,上海人民出版社 2002 年版。

　　[43]〔德〕哈贝马斯:《超越民族国家?一论经济全球化的后果问题》,载乌·贝克/哈贝马斯等:《全球化与政治》,中央编译出版社 2000 年版。

　　[44]〔德〕滕尼斯:《共同体与社会》,林荣远译,商务印书馆 1999 年版。

　　[45]〔德〕施密特:《现代与柏拉图》,郑辟瑞、朱清华译,上海书店出版社 2009 年版。

　　[46]〔美〕罗尔斯:《万民法》,陈肖生译,吉林出版集团有限责任公司 2013 年版。

　　[47]〔美〕罗尔斯:《正义论》,何怀宏、何包钢、廖申白译,中国社会科学出版社 2009 年版。

　　[48]〔波〕鲍曼:《共同体》,欧阳景根译,江苏人民出版社 2003 年版。

　　[49]〔英〕麦金泰尔:《追寻美德》,宋继杰译,译林出版社 2003 年版。

　　[50]〔加〕威尔·金利卡:《当代政治哲学》,刘莘译,译文出版社 2015 年版。

　　[51]〔美〕沃尔泽:《正义诸领域:为多元主义与平等一辩》,褚松燕译,译林出版社 2002 年版。

　　[52]〔印〕阿马蒂亚·森:《正义的理念》,王嘉、李航译,中国人民大学出版社 2012 年版。

[53]〔加〕泰勒：《黑格尔》，张国清等译，译林出版社 2002 年版。

[54]〔美〕桑德尔：《自由主义与正义的局限》，万俊人等译，译林出版社 2011 年版。

[55]〔美〕涛慕思·博格：《康德、罗尔斯与全球正义》，刘莘、徐向东等译，上海译文出版社 2010 年版。

[56]〔美〕安东尼·吉登斯：《批判的社会学导论》，唐山出版社 1995 年版。

[57]〔美〕安东尼·吉登斯：《民族—国家与暴力》，三联书店 1998 年版。

[58]〔美〕R.G.佩弗：《马克思主义、道德与社会正义》，吕梁山、李旸、周洪军等译，高等教育出版社 2010 年版。

[59]〔英〕G.A.科恩：《自我所有、自由和平等》，李朝晖译，东方出版社 2008 年版。

[60]〔英〕G.A.科恩：《为什么不要社会主义》，段忠桥译，人民出版社 2011 年版。

[61]〔加〕罗伯特·韦尔、凯·尼尔森：《分析马克思主义新论》，鲁克俭、杨洁等译，中国人民大学出版社 2002 年版。

[62]〔美〕诺齐克：《无政府、国家与乌托邦》，姚大志译，中国社会科学出版社 2008 年版。

[63]〔美〕马尔库塞：《单向度的人》，刘继译，上海译文出版社 1987 年版。

[64]〔德〕卡尔·洛维特：《从黑格尔到尼采》，李秋零译，生活·读书·新知三联书店 2014 年版。

[65]〔美〕胡萨米：《马克思论分配正义》，载李惠斌等编《马克思与正义理论》，中国人民大学出版社 2010 年版。

二、中文著作类：

［1］王新生：《马克思政治哲学研究》，科学出版社 2018 年版。

［2］阎孟伟：《论社会有机体的性质、结构和动态》，天津人民出版社 1995 年版。

［3］阎孟伟：《在马克思实践哲学的视野中》，武汉大学出版社 2011 年版。

［4］李淑梅：《政治哲学的批判与重建：马克思早期著作研究》，人民出版社 2014 年版。

［5］王南湜：《追寻哲学的精神：走向实践哲学之路》，北京师范大学出版社 2006 年版。

［6］齐艳红：《分析马克思主义方法论研究》，中国社会科学出版社 2012 年版。

［7］李德顺：《价值论》，中国人民大学出版社 2007 年版。

［8］段忠桥：《为社会主义平等主义辩护——G.A. 科恩的政治哲学追求》，中国社会科学出版社 2014 年版。

［9］姚大志：《当代西方政治哲学》，北京大学出版社 2011 年版。

［10］俞可平：《社群主义》（修订版），中国社会科学出版社 2005 年版。

［11］姚大志：《何谓正义》，北京大学出版社 2011 年版。

［12］龚群：《自由主义与社群主义的比较研究》，人民出版社 2014 年版。

［13］龚群：《罗尔斯政治哲学》，商务印书馆 2006 年版。

［14］李义天：《捍卫规范性——道德与政治哲学论文集》，人民出版社 2018 年版。

［15］李义天：《共同体与政治团结》，社会科学文献出版社2011年版。

［16］王小章：《从"自由或共同体"到"自由的共同体"——马克思的现代性批判与重构》，中国人民大学出版社2014年版。

［17］邵发军：《马克思的共同体思想研究》，知识产权出版社2014年版。

［18］张康之、张乾友：《共同体的进化》，中国社会科学出版社2012年版。

［19］胡群英：《社会共同体的公共性建构》，知识产权出版社2011年版。

［20］杨金海主编：《马克思主义研究资料》（第17卷），中央编译出版社2014年版。

［21］杨金海主编：《马克思主义研究资料》（第23卷），中央编译出版社2014年版。

［22］杨金海主编：《马克思主义研究资料》（第25卷），中央编译出版社2014年版。

［23］何怀宏：《公平的正义：解读罗尔斯〈正义论〉》，山东人民出版社2002年版。

［24］黄克剑：《人韵——一种对马克思的解读》，东方出版社1996年版。

［25］王柯平：《〈理想国〉的诗学研究》，北京大学出版社2014年版。

［26］王坤：《分析马克思主义的剥削理论研究》，南开大学出版社2018年版。

［27］郗戈：《超越资本主义现代性——马克思现代性思想与当代社会发展》，中国人民大学出版社2014年版。

三、期刊论文类：

［1］陈晏清、王新生：《马克思的市民社会理论及其意义》，载《天津社会科学》，2001 年第 4 期。

［2］陈晏清、王新生：《市民社会观念的当代演变及其意义》，载《南开学报》，2001 年第 6 期。

［3］王新生：《现代市民社会概念的形成》，载《南开学报》，2000 年第 3 期。

［4］王新生：《黑格尔市民社会理论评析》，载《哲学研究》，2003 年第 12 期。

［5］王新生：《马克思超越政治正义的政治哲学》，载《学术研究》，2005 年第 3 期。

［6］王新生：《现代公共领域：市民社会的次生性阶层》，载《教学与研究》，2007 年第 4 期。

［7］王新生：《唯物史观与政治哲学》，载《哲学研究》，2007 年第 8 期。

［8］王新生：《超越应当的逻辑——马克思政治哲学的历史主义方法》，载《浙江社会科学》，2008 年第 1 期。

［9］王新生：《马克思是怎样讨论正义问题的》，载《中国人民大学学报》，2010 年第 5 期。

［10］王新生：《当代中国马克思主义正义理论的建构》，载《中国人民大学学报》，2012 年第 1 期。

［11］王新生：《什么是政治哲学》，载《哲学研究》，2014 年第 6 期。

［12］王新生：《马克思正义理论的四重辩护》，载《中国社会科学》，2014 年第 4 期。

［13］王新生：《命运共同体——人类共存之道的中国方案》，载《中国社会科学报》，2016 年 2 月 25 日，第 3 版。

［14］王新生、王南湜：《从理想性到现实性：当代中国马克思主义政治哲学建构之路》，载《中国社会科学》，2007 年第 1 期。

［15］阎孟伟：《政治哲学的伦理学基础》，载《理论与现代化》，2011 年第 1 期。

［16］阎孟伟：《马克思主义整体性与国外马克思主义》，载《南开学报》，2008 年第 4 期。

［17］阎孟伟：《自由的理念与现实》，载《高校理论战线》，2011 年第 2 期。

［18］齐艳红：《需要原则主导还是应得原则主导——对柯亨与德沃金关于分配平等问题争论的一种考察》，载《马克思主义与现实》，2017 年第 4 期。

［19］齐艳红：《历史主义：从黑格尔到马克思》，载《南开学报（哲学社会科学版）》，2013 年第 6 期。

［20］段忠桥：《对"伍德命题"文本依据的辨析与回应》，载《中国社会科学》，2017 年第 9 期。

［21］段忠桥：《历史唯物主义是"政治哲学思想运演中推导出来"的吗？——质疑李佃来教授的一个新见解》，载《社会科学文摘》，2017 年第 3 期。

［22］段忠桥：《正义是社会制度的首要价值吗?》，载《哲学动态》，2015 年第 9 期。

［23］李佃来：《马克思市民社会理论探讨》，载《马克思主义哲学研究》，2004 年第 00 期。

［24］姚大志：《社群主义的焦虑——评桑德尔的共同体观念》，载《学习与探索》，2014 年第 8 期。

[25] 姚大志：《社群主义和共同体的限度》，载《江苏社会科学》，2013 年第 2 期。

[26] 龚群：《论卢梭的共同体主义自由观》，载《江西社会科学》，2013 年第 7 期。

[27] 龚群：《罗尔斯与社群主义：普遍正义与特殊正义》，载《哲学研究》，2011 年第 3 期。

[28] 龚群：《当代社群主义的共同体观念》，载《社会科学辑刊》，2013 年第 1 期。

[29] 龚群：《全球正义与全球贫困——兼评罗尔斯的〈万民法〉》，载《哲学动态》，2013 年第 6 期。

[30] 张一兵：《交道与实践：青年海德格尔与马克思的相遇——海德格尔"那托普报告"的解读》，载《马克思主义研究》，2010 年第 9 期。

[31] 吴向东：《论马克思的人的全面发展理论》，载《马克思主义研究》，2005 年第 1 期。

[32] 王晓升：《道德相对主义的方法论基础批判——兼谈普遍伦理的可能性》，载《哲学研究》，2001 年第 2 期。

[33] 吕梁山：《马克思主义与道德相对主义——佩弗对马克思主义道德观的辩护》，载《辽宁大学学报》（哲学社会科学版），2015 年第 5 期。

[34] 李义天、张霄：《马克思主义伦理学何以可能——访英国肯特大学戴维·麦克莱伦教授》，载《江海学刊》，2018 年第 5 期。

[35] 李义天：《马克思的平等概念：质疑与重构》，载《湖南师范大学社会科学学报》，2018 年第 1 期。

[36] 臧峰宇：《马克思共同体思想的核心要义与中国语境》，载《中国高校社会科学》，2018 年第 1 期。

［37］魏小萍：《分析的马克思主义怎样看社会主义市场经济——访 G. A. 柯亨教授》，载《哲学动态》，1995 年第 12 期。

［38］魏小萍：《马克思主义与自由、平等和正义的话题——历史变迁后前东德学者的反思》，载《哲学研究》，2003 年第 9 期。

［39］王立：《共同体之辩》，载《人文杂志》，2013 年第 9 期。

［40］李猛：《通过契约建立国家：霍布斯契约国家论的基本结构》，载《世界哲学》，2013 年第 5 期。

［41］黄炬、刘同舫：《马克思共同体思想的现实超越性》，载《河海大学学报（哲学社会科学版）》，2017 年第 5 期。

［42］〔荷〕葆琳·科林赫尔德：《康德世界公民主义理论的发展》，陈龙译，载《吉林大学社会科学学报》，2014 年第 3 期。

［43］张红莉：《马克思共同体思想视域下的全球治理研究》，载《湖北函授大学学报》，2018 年第 4 期。

［44］谢春芳：《马克思的共同体思想及其当代价值》，载《淄博师专学报》，2018 年第 1 期。

［45］康渝生：《继承与创新马克思共同体思想——人类命运共同体思想解读》，载《中国社会科学报》，2018 年 2 月 22 日，第 6 版。

［46］田海舰：《马克思共同体思想探析》，载《伦理学研究》，2018 年第 1 期。

［47］邓安庆：《康德意义上的伦理共同体为何不能达成》，载《宗教与哲学》，2018 年第 1 期。

［48］明沁怡：《马克思视域下个体与共同体分裂问题的根源》，载《哲学进展》，2015 年第 4 期。

［49］王坤：《分析马克思主义的剥削理论研究述评》，载《德州学院学报》，2015 年第 5 期。

［50］王坤：《G.A.柯亨对马克思的分配正义理论的重建》，载《山东社会科学》，2017年第5期。

［51］方德志：《关怀伦理与儒家及马克思在感性学上的会通——基于对关怀伦理"移情"概念的追溯》，载《吉首大学学报（社会科学版）》，2016年第3期。

［52］方德志：《关怀伦理视域下的社会正义可以接受吗？——对迈克尔·斯洛特关怀正义观的批判》，载《井冈山大学学报（社会科学版）》，2015年第6期。

［53］晏扩明：《"自我所有权"与"私有财产权"之辩——浅析科恩对诺齐克的批判》，载《理论与现代化》，2018年第5期。

［54］晏扩明：《论科恩对社会主义平等原则的道德辩护》，载《内蒙古财经大学学报》，2015年第5期。

［55］晏扩明：《共同体与自由的张力——马克思对伊壁鸠鲁政治哲学的批判》，载《科学·经济·社会》，2019年第1期。

［56］张华波：《马克思共同体思想的历史性生成研究》，载《电子科技大学》，2018年。

［57］冯珊：《马克思个人与共同体关系的思想研究》，载《吉林大学》，2018年。

［58］刘睿：《批判与建构：马克思共同体思想研究》，载《吉林大学》，2018年。

［59］赵坤：《马克思个人与共同体感性思想研究》，载《东北师范大学》，2018年。

［60］胡寅寅：《走向"真正的共同体"——马克思共同体思想的致思逻辑研究》，载《黑龙江大学》，2014年。

［61］陈凯：《从共同体到联合体——马克思共同体思想研究》，载《华侨大学》，2017年。

四、外文文献：

［1］Craig Calhoun, "Community Without Propinquity Revisited: Communications Technology and the Transformation of the Urban Public Sphere," *Sociological Inquiry*, Vol.68, No.3.

［2］Antonio Gramsci, *Selections from the Prison Notebooks*, Quentin Hoare and Geoffrey Nowell-Smith eds. and trans., International Publishers, 1971, 12.

［3］Andrew Arato and Eike Gebhardt, *The Essential Frankfurt School Reader*, Bloomsbury Academic, 1982.

［4］E. Hobsbawm, *The Age of Extremes: The Short Twentieth Century 1914-1991*, Michael Joseph, 1994.

［5］Gerard Delanty, *Community*, Routledge, 2003.

［6］Sandel, *Liberalism and the Limit of Justice*, Cambridge University Press, 1982.

［7］Sandel, *Democracy's Discontent: America in Search of a Public Philosophy*, The Belknap Press of Harvard University Press, 1998.

［8］Ronald Dworkin, *Taking Rights Seriously*, Harvard University Press, 1977.

［9］Robert Nozick, *Anarchy, State and Utopia*, Basic Books, 1974.

［10］Alasdair MacIntyre, *Whose Justice? Which Rationality?*, University of Notre Dame Press, 1988.

［11］Alasdair MacIntyre, *The MacIntyre Reader*, University of Notre Dame Press. 1998.

［12］Jon Elster, *Making Sense of Marx*, Cambridge University Press, 1985.

[13] Niccolo Machiavelli, *The Prince The Discourses*, The Modern Library, 1940.

[14] Thomas W. Pogge, *World Poverty and Human Right*, Polity Press, 2002.

[15] Kwame Anthony Appiah, *Cosmopolitanism: Ethics in a World of Strangers*, W.W.Norton & Company, 2006.

[16] Martha C. Nussbaum, *Cultivating Humanity: A Classical Defense of Reform in Liberal Education Massachusetts*, Harvard University Press, 2000.

[17] T.W.Adorno and Max Horkheimer, *Dialectic of Enlightenment*, trans. John Cumming, Seabury Press, 1972.

[18] Horkheimer, *Critique of Instrumental Reason*, Seabury Press, 1974.

[19] Virginia Held, *The Ethics of Care: Personal, Political, and Global*, Oxford University Press, 2006.

[20] Marion Smiley, *Moral Responsibility and the Boundaries Community*, The University of Chicago Press, 1992.

[21] Joan C. Tronto, *Caring Democracy: Markets, Equality and Justice*, New York University Press, 2013.

[22] Fiona Robinsonn, *Globalization Care: Feminist Theory and Political Series*, Westview Press, 1999.

[23] Daniel Engster, Jusrice, *Care and the Welfare State*, Oxford University Press, 2015.

[24] Michael Slote, *Human Development and Human Life Springer*, 2016.

[25] Michael Slote, *The Ethics of Care and Empathy*, Routledge, 2007.